JN079900

# 美大式
# ビジネスパーソンの
# デザイン入門

稲葉裕美 著

「デザインはあいまいでよくわからない」

「絵が下手な自分はセンスがない」

「デザインを好き嫌いや主観で決めてしまう」

「デザインって学べるものなの？」

「仕事でもセンスが必要なことだけは苦手」

「デザインのA案とB案、どちらがいいか答えられない」

「デザイナーと上手く話ができない」

「デザインは自分には縁遠いものだと諦めている」

「デザインってそもそも何？」

あなたのモヤモヤを一緒にスッキリさせましょう。

# はじめに――ほとんどのビジネスパーソンはデザインがわからない

「デザインってあいまいなもの」

「デザインは、センスがある人だけの特別な世界」

「デザインは、主観的なものだから、議論なんてできない」

そんな風に思っていませんか?

これは「デザインがわからない人」に共通する、よくある思い込みです。

しかしこれらは全て、間違った考えです。


**「デザインはあいまいではなく、理論的なものです」**

**「デザインは、誰でも学ぶことができるものです」**

**「デザインは、客観的に議論できるものです」**

**本書は、それをみなさんに知っていただき、「デザインがわかる人」になってもらうことを、一つの目的としています。**


今、ビジネスの世界でデザインは大きな注目を浴びています。

それは、ＶＵＣＡの時代と言われるようになった今、新しい視点を持って、アイデアを出せる人が必要になっているからです。

今や、デザインは、全てのビジネスパーソンにとって必須のビジネススキルになっています。


けれど、そんな中、多くの方が「デザインがわからない」と、コンプレックスを抱え続けています。

**「デザインって結局なんなの？」**

**と思っても、「デザインがわからない人」というレッテルを貼られるのが恥ずかしくて、なかなか聞けない。**

**なのに、誰もわかりやすく説明してくれない。**

**そんな風に、モヤモヤし続けているのは、あなただけではないのです。**

本書は、そんなみなさんのモヤモヤを、一気に吹き飛ばすための本です。

私が、みなさんを「デザインがわかる人」に変えてみせます。

私は、ビジネスパーソンのためのデザインの学び場として、２０１６年に、私の母校でもある武蔵野美術大学と共同で、日本初のデザイン経営の学校「ＷＥデザインスクール」を立ち上げました。

そのスクールに通うビジネスパーソンのみなさんも、学びを経て、大きな変化を感じてくれています。

**「デザインについてたくさんの誤解があったことに気づいた」**

**「はじめて、デザインが明確にわかった気がする」**

**「デザイン発想とは何か?がやっと腹落ちした」**

**「デザインを経営に活かす方法が具体的に見えてきた」**

**「これからデザインをどう習得すればいいか、道筋が見えた」**

**「もっと早く知っていれば人生が違ったのに」**

これは、実際に受講したみなさんから、いただいたフィードバックです。

こういったフィードバックをいただく度に、この仕事をしていてよかったなと心から思います。

私は、美大を卒業しましたが、実は大学受験の時、最初は法学部志望でした。

祖父母も父母も会社経営者で、兄姉は有名大学に進学。

私自身も、夏目漱石の『坊ちゃん』の舞台になった、旧藩校でもある、県随一の進学校に通っていました。

法学部進学は、社会をよくしたいという思いや、そんな環境の中で身につけた価値観や判断基準で、自然と考えた進路でした。

けれど、一年浪人生として過ごす時間の中で、本当にこの進路でいいんだろうかと、自問自答しはじめました。

「もしかして私は、他者や社会といった、自分以外の価値観に強く影響されて、人生を考えているんじゃないか？」

「このまま進んだとして、自分らしい人生を生きていると言えるんだろうか？」

「本当に、自分の生き方に後悔はないんだろうか？」

そんなことを、たくさん考えました。

そして、ある時、ふと思い出したのです。

自分は、アートやデザインが好きで、雑誌などでそういうものを見ては、心ときめかせていたことを。

素敵なインテリアを見て、将来の家を妄想したり、自分でＤＩＹをして、海外のオシャレな部屋を真似てみたりしました。

アート作品のポストカードを買って、部屋に飾ったりもしました。

その度に、ワクワクして、自分らしく自由で解放された気持ちになったのです。

なのに、なぜ、自分の人生を、そういった自分らしさと共に生きようとしていないのか。

「私はアートやデザインが好きだったはずなのに、なぜその道を選ばないのか？」

「自分の心が求める方向に進むべきだ」

「アートやデザインに関わる人生にしたい！」

そう思うようになったのです。

けれど、美術大学は「美術部の人がいく場所」というイメージがありました。

美大にとって、自分はよそ者で部外者なんじゃないか。

果たして、美大に馴染めるんだろうかと、不安に思いました。

そもそも、法学部を目指したのは、論理的思考が得意だという自覚があったことも大きな理由でした。

そんな自分に、アートやデザインがわかるようになるんだろうかと、自信がありませんでした。

それに、絵が上手くない自分は、入学できないとも思いました。


しかし、実は、美術大学には少ないながらも、絵を描く以外の方法で、入学する方法があったのです。

私は、学科と論文で美術大学に挑み、合格することができました。

しかも、あんなに不安だったのに、入学してからは、取り組む課題のほとんどで、とても高い評価を受け、優等生街道まっしぐら。

そして、見える世界も大きく変わりました。

自分でも驚きました。

でも、あとで、なぜそうなったのかわかりました。

**そもそも、絵の上手い下手は、デザインやアートを理解するセンスとは無関係。**

**自分は感性が弱いと思い込んでいたけど、実は潰されていただけで、ちゃんと刺激すれば回復できた。**

**そして、アートもデザインも、感性だけの領域だと思い込んでいたけれど、実はそこには論理的思考も大事だった、ということです。**

私は、感性と論理、そのどちらも持っていたからこそ、良い成果が出せたのです。

私のこの経験は、おそらく、これからデザインを理解したいと願う多くの人にとっても、希望が持てる話だろうと思います。

**絵が下手でもセンスは磨ける。**

**論理的思考はデザイン力を磨く時にも必要。**

**感性は回復できる。**


これをぜひ、みなさんにも知ってもらいたいと思っています。

そして、そんな経験を持つ私だからこそ、みなさんに伝えられることがある、とも思っています。

なぜなら、

「デザインがわからない人が、なぜわからないのか」

「どこに自信がないのか」

「どんな点を不明瞭だと感じるのか」

私には、みなさんの気持ちが、自分のことのようにわかるからです。

みなさんの悩みは、かつての私の悩みなのです。

だから、いつも、そんな昔の自分に伝えるような気持ちで、「絶対にわかるようにさせてあげたい」と、全力でデザインについてお伝えしています。

本書も、昔の自分に手渡す手紙のような気持ちで、思いを込めて書きました。

**本書では、他のデザイン書では語られない、「そもそも、デザインってなんなの？」という、基本のキからお話ししています。**

**初学者の多くが、いつも疑問に思っていることばかりですが、これまで誰にも聞けなかった、誰も説明してこなかったことです。**

また、誰も取り残さず、あいまいさを残さないために、できる限り優しく丁寧に言語化しました。

だから、きっと、みなさんも、これまでないほどに、デザインがわかるようになるはずです。

さぁ、デザインへの新しい扉を、一緒にひらきましょう！

目次

Contents

目次

Contents

目次

Contents

目次

Contents

目次

# 第1章

# デザインの誤解から抜け出す

01

# センスは生まれながらの才能じゃない

## 仕事に自信満々な人も、センスだけは自信がない

「センスには自信がなくて」

高学歴や大企業勤めで、自信に満ち溢れている社会人も、出世頭でハイパフォーマンスを出すビジネスパーソンも、センスの話になると、とたんに申し訳なさそうな、恥ずかしそうな顔をする。

デザインをお伝えする仕事をしていると、こういった方によく出会います。

なぜ、センスがないというだけで、こんなにも自信を失ってしまうのでしょうか。

**そうやって自信を失ってしまう多くの人に共通するのは**
**「センスって結局才能でしょ」**
**「センスって生まれつきの天賦の才が関係しているよね」**
**という考えを持っていることです。**

そういった考えを持つ人は、センス＝生まれつきの才能だから、それがない自分は、
「生まれながらにして欠陥がある人間だ」
というような認識を、無意識に持ってしまうのです。

**他の能力がないと言われた時に比べて、より根本的なことを否定されたような気持ちになってしまう。**

**そして、まるで、決定的な欠損を抱えた人だと言われているような気さえしてくる。**

それが、みなさんが申し訳なさそうな、恥ずかしそうな顔をする大きな理由です。

## 誰でも今からでもセンスは磨ける

**しかし、私がまずお伝えしたいのは、センスは生まれながらの才能ではないということです。これは断言できます。**


私は、美術大学で多くの美大生たちと共に学びました。

社会に出てからは、数多くの優秀なクリエイターたちと仕事をしてきました。

そこで気づいたのは、センスがいい人たちは、決して生まれ持った才能で、センスを発揮しているのではない、ということです。

そこには、あきらかに、センスを育む経験と学びがあります。


たとえば、子どもの頃から、美術館によく行っている。

オシャレな服の選び方を、日々の生活の中で、教えてもらう機会があった。

デザインのいい家具を売るお店に、連れて行ってもらったことがある。
家に、美しい絵画が飾ってあった。
茶道や華道を体験したことがある。
ＤＩＹでものづくりをすることがよくあった。
いい映画や演劇を観に連れて行ってもらえた。

「センスがいい状態」になるまでには、そのような小さな経験が、幾重にも積み重なっているのです。

**そこには、明らかに後天的な学びが存在しています。**

つまり、センスがいい人になるために重要なのは、遺伝ではなく、センスを磨く経験や学びがあったかどうか、ということなのです。

センスは生まれながらの才能ではなく、誰でも磨くことができるもの、ということです。

今はセンスに自信がなくても、自分には無理だと諦める必要はありません。経験と学びを積み重ねれば、センスは誰でも磨くことができるものなのです。

デザインが
わかる人になる
ためのコツ

## 01

## センスは生まれながらの才能ではなく誰でも磨くことができるもの。

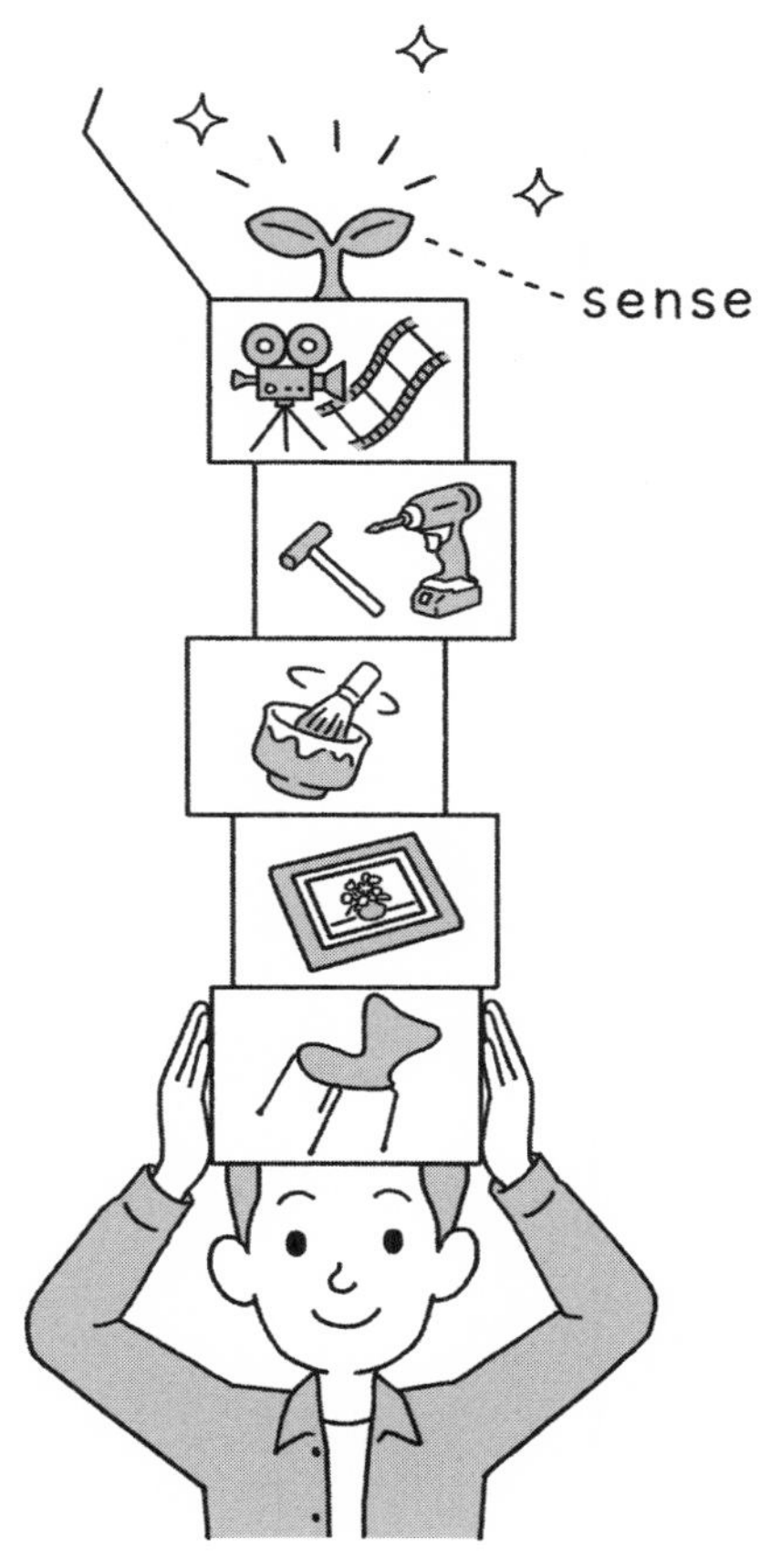


**センスは誰でも磨くことができる**

02

# センスにまつわる「3つの誤解」

## 誤解が大きな足枷になっている

他にもデザイン初心者には、センスについて、たくさんの誤解があります。そういった誤解があることが、デザインを理解する妨げになり、足枷となっていることが多いのです。

ですから、まずはセンスにまつわる誤解を解きほぐし、センスの正体を知っていきましょう。

## 絵の上手い下手とセンスは関係がない

「私は絵が下手で、だからセンスがないんですよ」

これは、デザインスクールに集まる社会人が、よく口にするセリフです。

かつて小学校や中学校の美術の授業で、絵を描いた時、上手く描けず、評価も悪かった。

だから、自分にはセンスがないと思い込んでいるのです。

**これは多くの人が陥る落とし穴ですが、絵が上手である=センスがいい、というわけではありません。**

ではなぜ、そう思ってしまうのか。

おそらく、多くの人は、美術の授業=センスを評価する授業だと感じている。

その美術の授業で、絵が上手く描けず点数もよくなかった。

だからセンスがない、と思い込んでいるのです。

しかし、そこを安易に結びつけてしまうのは、間違っています。

**絵を描くこと、美術の授業の評価、センスの問題、これはそれぞれ別の問題です。いったん切り離して考えてみましょう。**

かくいう私も、美大入試はデッサンではなく論文で入学したし、絵は決して上手い方ではありません。

絵を描く技術はなくても、センスを育てることはできるのです。

## センス＝独自性・個性的ではない

「独自性のあるものが、センスがいいものだ」

「センスといえば、やっぱり個性」

というのも、世間に強固にあるセンスのイメージです。

たしかに、個人的な趣味として、洋服やインテリアなどに、独自性や個性があることは、とても素敵なことです。

クリエイターでも、独自性や個性を持っているからこそ、それがその人らしいスタイルとなり、成功している例もよくあります。

**けれど、「独自性や個性こそがセンスの絶対条件だ」と考えてしまうと、時に、大きな失敗をしてしまうことがあります。**

たとえば、あなたが誰かにプレゼントを渡すとしましょう。

センスがいいものをあげたいと思い、独自性や個性のあるものを選んだとします。

それは果たして相手に喜ばれるでしょうか？

独自性や個性があったとしても、相手にとって欲しいものでなければ、嬉しくはないはずです。

相手に喜んでもらえなければ、あなたは「センスがない人」ということになってしまいます。

一方で、相手の性格や、生活へのこだわり、好きなもの、最近のお困りごとなどをよく考えた上で、プレゼントしてあげたとしたらどうでしょうか。

きっと、喜んでくれる可能性はぐっと上がります。

これが「センスがいい人」なのです。

**もうみなさんにもおわかりかと思いますが、センスがいいとは、「適切なものを選ぶ力」があることです。**

何よりもまず、適切であることが大事なのです。

独自性や個性があるものが適切そうであれば、もちろんそれを選ぶこともあるかもしれません。

しかし、独自性や個性が、一番目の選択基準になるということはありません。

プレゼントであれば「相手にとっての最適さ」を考え提案することが、センスがいい贈り物に繋がるということです。

これは仕事でデザインを扱う場合も、同じことが言えます。

商品開発などをする時に、個性的にしよう、独自性があるものにしよう、とばかり考えてはダメなのです。

それでは、顧客の求めるものが置き去りになり、失敗してしまいます。

**仕事においては、「顧客にとっての最適さ」をしっかり考えて提案すること。**

**それが、センスがいい人になる、ということです。**

## センスは直感ではない

「センスがいい人は急にアイデアが降ってくる」

「センスがいい人は電撃のようにひらめく」

「センスがいい人は直感が優れている」

というようなイメージを持っている人は多くいます。

これもまた、センスについての、よくある間違った思い込みです。

テレビで有名なクリエイターが、唐突にひらめいたアイデアを、素早くメモ用紙に書き殴っている。

そんな様子を見た、という方もいるかもしれません。

もしくは漫画などで、ミステリアスな天才アーティストが、啓示を得たかのごとく、突如として目の色を変え、狂ったようにキャンバスに向かって筆を走らせる。

そんなイメージが、頭にこびりついている方もいるかもしれません。

そんな姿が、クリエイターの定番のイメージとして世の中に出回っているのですから、「きっとセンスがいい人は、特別な直感を持っているに違いない」と思ってしまうのも無理はありません。

しかし、それは間違った認識です。

なぜなら、そのひらめきのようなアイデアは、何もないところに突然出てくるわけではないからです。

**センスがいい人は、そういったアウトプットするより前に、実はたくさんのインプットと経験を得ています。**

**突然降ってきたかに見えたアイデアには、前段階の積み重ねが存在するということです。**

そもそも、センスがいい人は、センスを磨くために、普段から、いろんな情報を得たり、さまざまなことを経験したりすることを心がけています。

そうすることで「これは面白い」「こういうものが好きだな」「こんなものが他にもあったらいいんじゃないか」ということを発見し、コツコツ蓄えているのです。

そして、アウトプットする時は、そうやってコツコツためた蓄積の中から、「今回のテーマに合うものはなんだろう?」と思い出し、選び出しているだけなのです。

アメリカ最大の広告代理店・トムプソン社の常任最高顧問だったジェームス・ヤングはアイデア発想について「アイデアとは既存の要素の新しい組み合わせ以外の何ものでもない」と言っています。

また、イノベーションという概念を生み出し、独自の経済発展理論を展開した経済学者のヨーゼフ・シュンペーターは、イノベーションを「これまで組み合わせたことのない要素を組み合わせることによって、新たな価値を創造すること」としています。

つまり、新しいものというのは、全くの未知のものではなく、既知のものの組み合わせによって生み出されているということです。

情報や経験を蓄積し、それらを組み合わせて新しい表現をつくる。

新しいものを創造するとは、そういうことなのです。

アウトプットのシーンだけ見ていると、一見、魔法のように急に出てきたアイデアに見えてしまうかもしれません。

でも、実は、そんな風に地道にため込んだ情報や経験を、目的に合わせて、アイデアの種として、膨らませているにすぎないのです。

センスは1日にしてならず。

けれど、クリエイターたちと同じように積み重ねることができれば、みなさんのセンスも確実に磨かれていくということです。

デザインが
わかる人になる
ためのコツ

**02**

**センスはインプットや経験の積み重ねによって磨くことができる。**

# 03 デザインを多数決で決めるのは間違い

## デザインには理由がある

では、次は、仕事の中でよくあるトラブルについて考えてみましょう。

私が、さまざまな企業の方とご一緒する中で、よく耳にするデザインについての現場の混乱。

その中でも、最もよく聞くのが、「デザイン案を多数決で決めてしまう」ということです。

なぜ、多数決になってしまうのでしょうか？

おそらくその背景には、

「デザインは好き嫌いで考えるもの」

「デザインって主観の問題だから議論できない」

という考えがあるからだろうと思います。

主観の問題だから、好きな人が多い方を正解にするしかない、と思い込んでいるのです。


もしくは、こんな声もよく耳にします。

「上司の鶴の一声で、デザイン案が決まってしまう」

「いつも結局、リーダーの好きな方ばかりになる」

など、誰かの独断で決まってしまうというものです。

これもまた、やはりデザインは好き嫌いや主観の問題だから、話し合ってもしょうがない、責任者の勘で決めてしまうしかない、というような思い込みからくるものなのです。

ビジネスパーソンたちは、そういった状況に不満を抱えながらも、「デザインは特殊なものだからしょうがない」と、半ば諦めムードです。

## デザイン会社では客観的な判断軸で合意する

しかし一方で、デザイナーが集まるデザイン会社で、デザイン案を多数決で選んでいるという話を、私は聞いたことがありません。

もちろん美大卒のメンバーが集まる私の会社でも、多数決で決めたことは一度もありません。

それはなぜでしょうか?

デザイン会社で議論が行われる際は、

「なぜこの色がいいのか?」

「なぜこのかたちにすべきか?」

ということが理由をもって議論され、共有されるからです。

もちろん、なんとなくとか勘などで意見が出されるということもありません。

さらに、デザイナー同士の場合、いい案が出てくれれば、見ただけで瞬時にこちらの方が良いと全員がわかり、共通の見解を持つ場合もあります。

そんな時は、言葉をほとんど交わすことなく、

「これだね!」

「これでいこう」

と、合意に達することもしばしばです。

では、なぜ一般の会社と、デザイン会社では、このようにデザインの意思決定プロセスに差があるのでしょうか?

それは、デザイン会社では、デザインがわかる人同士が議論をし、一般の会社では、

デザインがわからない人同士で議論しているからです。

**デザインがわかっている人には、当然ながら、一定の知識や経験があります。その知識や経験によって、デザインを考えるための判断軸が備わっています。だから、デザインを客観的に考え、理由をもって議論することができるのです。**

一方で、デザインがわからない人には、必要十分な知識や経験がありません。知識や経験がないので、デザインを考えるための判断軸もありません。だから、デザインを主観でしか考えられず、議論もできないのです。

これは、デザインの分野に限らず、何らかの専門性が必要な分野であれば同様のことが起こるものです。

たとえば、営業という仕事を一度もしたことがなくて、なんの知識も経験もない人が集まって議論しても、どの営業戦略が良いか判断することは難しいですよね。

何を基準に考えて良いかわからず、好き嫌いといった、主観的な議論になってしまう可能性もあります。

いい営業戦略かどうかを判断できるようになるためには、営業に関しての、一定以上の知識や経験を得ることが大事です。

先輩から営業のノウハウを学び参考にしたり、本を読んだり、講座で学んだり、もしくは、こういったお客さんの場合はこうする、という現場のケースから学んだりする。

そうやって経験や知識を積み重ねることで、判断軸の獲得に繋がっていくわけです。経験や知識、判断軸を持った人同士であれば、理由をもって客観的に議論することができるはずです。

デザインの場合も、当然同じことが言えます。

**専門性が必要な分野であれば、理由をもって判断するためには、一定程度の知識・**

**経験がいるというのは自明のことです。**

デザインだけが、議論できない特殊なものであるわけではないのです。

単に、わからない人同士が議論しているから、判断基準があいまいで議論できない状態になってしまうだけなのです。

デザインがわかる人になるためのコツ

03

**デザインも他の専門性が必要な分野同様に、一定の知識や経験があれば理由をもって議論できる。**

デザインは理由をもって議論できる

# 04 デザインの感じ方は人それぞれではない

## デザインには一定の見え方がある

では、デザインがわかっている人たちは、どんなことを判断の基準にして議論をしているのでしょうか？

**デザインを客観的に判断するために、まず押さえておきたいポイントは、「デザインにはおおよそ一定の見え方がある」ということです。**

デザインは主観の問題だと誤解している人の多くは、デザインの見え方は一定ではなく、人によって見え方が異なると思っています。しかし、そうではありません。

人は、特定の視覚情報に対して、基本的にはおおよそ一定の感じ方をするものです。

## おおよその人に共通する感覚がある

たとえば、有名な心理学の実験に「ブーバ／キキ効果」というものがあります。

丸い曲線とギザギザの直線からなる二つの図形を被験者に見せ、どちらがブーバで、どちらがキキであるかを聞くという実験です。

それらを見せると、なんと98％ほどの人が「曲線図形がブーバで、ギザギザ図形がキキだ」と答えたのです。

つまり、曲線的な図形の方が、柔らかくのんびりした印象だから、ブーバという音が馴染む。

ギザギザの図形は、破裂するような勢いを感じ、鋭さを感じるから、キキという音の方が馴染む、と多くの人が共通の見方をした、ということです。

このように、人は特定の視覚情報に対して、一定の印象を持つものなのです。

日常の中で考えても、たとえばナイフのようなものを見て、温かくて優しい印象だとか、穏やかな感じがすると思う人はほとんどいません。

多くの人は、鋭くて尖っている様子から、張り詰めた空気感や、緊張感を覚えたりします。

反対に、白くて丸いクッションを見て、張り詰めた空気感や緊張感を覚える、という人はほとんどいません。

多くの人は、優しさや穏やかさといった、柔らかい印象を持つはずです。

**このように、ある特定の視覚情報に対して、人が持つ印象というのは、基本的にはおおよそ一定です。**

**これは、国や人種を問わず、広く多くの人におおよそ共通する本能的な感覚なのです。**

有名な心理学の実験「ブーバ／キキ効果」
で被験者に見せられた二つの図形

ただ、もちろん、ここには例外もあります。

それは、文化や時代、宗教、もしくはごく個人的な経験によって、人の感じ方が変化する部分もあるからです。

たとえば、緑色は、基本的に「平和」や「癒やし」などの穏やかな印象があります。

しかし、西洋では「毒」を連想させる色としても認識されています。

それは、腐敗した肉の色が緑だったり、中世によく使われた緑の染料に有毒なヒ素が含まれていて、健康被害が広がったりしたからです。

イスラム圏では、緑色には「神聖」「国の繁栄」「天」などの意味があります。

これは、イスラム教の始祖であるムハンマドが、緑色のターバンを使用していたことが由来です。

そんな理由から、イスラム国家の多くは国旗にも緑色が使われています。

このように、感じる印象は、文化や時代、宗教、個人の経験によって、変化する部分もあります。

しかし、こういった差は、あくまでも例外です。

過剰に大きく捉え、「やはり人によって感じ方は違う」と考えるのは間違っています。

基本的には、人間全体に共通する感じ方の方が圧倒的に多く、変化する部分の方が少ない、と考えていただく方が、正しい理解に繋がります。

## デザインは感じ方を計画する

**デザインは、そのように人間に共通する一定の感じ方があることを前提としながら、計画的につくられています。**

たとえば、丸みのあるものは、人に「優しさ」や「可愛らしさ」を感じさせます。なので、子ども向けの商品やパッケージなど、柔らかい印象を与えたい時に、よく使われる傾向があります。

青色は、人に「清潔感」や「爽やかさ」を感じさせます。なので、洗剤や歯磨き粉のパッケージなどによく使われます。

そのように、色やかたちは、ある程度の幅がありながらも、それぞれに対応する一定の印象があります。

デザイナーはそれを知った上で、そのような一定の感じ方を利用しながら、ものづくりをしています。

今回の目的に合った印象を持ってもらうためには、どの色・かたちを選ぶのがよいか?と考え、狙った通りの感じ方となるよう、計画しているのです。

デザインが
わかる人になる
ためのコツ

## 04

### デザインは主観や好みではなく一定の感じ方を前提として客観的に計画している。

デザインには共通する**感じ方**がある

## 05

# オシャレ＝いいデザインではない

### スタイリッシュなものが素敵？

「いいデザインって、どんなもの？」

と聞かれたら、みなさんは頭の中で、どんなデザインを思い浮かべるでしょうか？

「アップルのＭａｃはシンプルでオシャレだし、いいデザインだよね」

「スターバックスはスタイリッシュだから、いいデザイン」

など、スタイリッシュさやシンプルさが魅力である、オシャレなものを思い浮かべる方も多いかもしれません。

たしかに、こういったデザインはとても素敵で、いいデザインです。

しかし一方で、オシャレでさえあれば、必ずいいデザインである、と考えるのは間違っています。

これも、多くのデザイン初心者が、勘違いしているポイントです。

## いいデザインは場合によって変化する

たとえば、あなたが、田舎風をコンセプトにした居酒屋の店舗をつくるとします。

「いいデザインにしよう！」と意気込んだあなたは、どんな店舗空間をつくるでしょうか？

「以前、オシャレなカフェで見た、シンプルなコンクリート打ちっぱなしの壁にしよう」

「ＳＮＳで見た、スタイリッシュで素敵だった、あのガラスのテーブルを取り入れよう。」

そんな風に、自分の記憶の中にある「オシャレなデザイン」を思い出して、素敵な空間をつくろうとするかもしれません。

たしかに、これらは、一見オシャレでかっこいいかもしれません。

しかし、それらから感じられる印象、という点で考えると、どうでしょうか？

コンクリート打ちっぱなしは、無機質で、現代的で都会的な印象です。

ガラスのテーブルは、緊張感があり、繊細で華美な印象です。

さて、コンクリート打ちっぱなしやガラステーブルが持つ印象は、今回つくりたい田舎風の居酒屋に適した印象でしょうか？

では、田舎風を目指すのならば、どんな印象が必要でしょうか？

たとえば、田舎風にするならば、古風さや、有機的な温かさといった印象が適しています。

そうであれば、コンクリートではなく、土の壁や、古木をつかった天井などが目的に合っています。

ガラスのテーブルではなく、囲炉裏のようなテーブルにすれば、田舎の家を連想させられるでしょう。

**そのように、どんな印象を打ち出したいかによって「いいデザイン」は変わってくるのです。**

つまり、スタイリッシュやシンプルにさえすれば、いつでもオシャレでいいデザインになる、というわけではないということです。

いいデザインは、場合によって変化するのです。

デザインが
わかる人になる
ためのコツ

05

**オシャレなものがいいデザインというわけではない**
**いいデザインは場合によって変化する。**

06

# いいデザインは「目的に合っている」

## 目的にとって最適かどうかを考えるのがデザイン

さて、ここまでの話で、すでにお気づきの方もいると思いますが、**いいデザインを決める判断基準として、まず何よりも大切なのは「目的に合っているかどうか」ということです。**

たとえば、都会的でスタイリッシュで、自然派なヘアケア商品をつくりたいという目的があるとします。

そうであれば、色は白黒にして都会感を強く出すか、もしくは茶系などの自然な印象を感じさせる色をベースにしながら、しっかり整頓されたシンプルな感じにするなどが選択肢となるでしょう。

たとえば、大自然の中で子どもが活発に遊ぶことができるキャンプ施設をつくる、という目的があるとします。

そうであれば、緑や茶色など、自然に馴染む色を使ったり、黄色や赤など子どもらしい元気で快活な印象の色を使ったりして、にぎやかな雰囲気にするなどが選択肢でしょう。

もちろん、具体的な色・かたちとしてどのようなものを選ぶかは、今並べたものだけが候補ではなく、他にもいくつかの可能性が考えられます。

**大事なのは、このように、「目的にとって最適かどうか？」を検討することが、いいデザインを判断するための第一ステップだということです。**

「目的に合うかどうかなんて、当たり前のことじゃないか」と、思われそうですが、実際の現場では、意外とこの論点を見逃してしまうデザイン初心者が多くいます。

なぜなら、やはり多くの人が、いいデザイン＝オシャレ、個性的、独自性があるものだとか、デザインは個人的な好みで考えるものだと、無意識に強く思い込んでいるからです。

そういう考えを持っていると、「とにかくオシャレなものにしよう」とか、「自分が素敵だと思うものにしよう」とばかり思ってしまい、結果、目的に沿って考えるという冷静な視点を失ってしまうのです。

オシャレかどうか、独自性や個性があるかといったことは、本来、二番手以降の論点です。

いいデザインを考えるための一番重要な論点、それは目的に対して最適であること。

目的に沿って考えた結果、オシャレや個性といった要素が必要であれば、活用していく、という順番で考えてみてください。

デザインがわかる人になるためのコツ

## 06

## 「目的にとって最適かどうか」が、デザインを考える上で一番大事な論点。

07

# デザインがわからない人は実はそもそも「見ていない」

## 「デザインがわからない人」になってしまう理由

さて、ここまで、デザインの誤解について触れてきましたが、少し整理できる部分があったでしょうか。

ここからは、さらに一歩踏み込んで、

「そもそもデザインを見ても、どう感じればいいのかわからない」

「デザインを理解する道筋がわからない」

という方のために、

「デザインがわからない人はなぜわからないのか？」

ということを紐解きながら、デザインとどのように付き合えば良いかを、お伝えしていきたいと思います。

## 会社の床や壁の色が思い出せますか？

突然ですが、あなたは自分の会社の床や壁の色が思い出せますか？

もしくは、その床や壁はどんな材質や模様だったでしょうか？

「あらためて聞かれるとぼんやりとしか思い出せない」

「あんなに毎日見ていたはずなのに、おかしいな」

と思った方も、多いのではないかと思います。

実は、この質問に多くのデザイン初心者は答えることができません。

それはなぜか？

ずばり、「実は見ていないから」です。

## 単に目に映っている＝見ているではない

「いやいや、自分は見ていたよ」と思う方もいるかもしれません。

でも、覚えていないということは、本当には見ていなかったのです。

**見るというのは、単に目の網膜に像が映ってさえいればいいというわけではありません。**

**ちゃんと、対象の存在を、自分の思考や感情で受け止めてはじめて、本当に見ている・認識している状態になるのです。**

ちなみに、多くのデザイナーたちは、当然この質問に答えることができます。

なぜなら普段から、

「このオフィスはいい壁の色をしているな」
「このカフェのテーブルの素材は重厚な雰囲気で素敵だな」
という風に、自分の思考や感情で、存在を認識しながら「本当に見ている」からです。

そもそも、デザイナーなら、いい壁の色をしたオフィスだから、ここを借りることにしよう、と考えます。

あのカフェは、テーブルの素材にこだわっていて、使い心地が最高だ。だから、あのカフェが好きで通っている、とデザイナーなら考えるのです。

## 本当に見ることがセンスを磨く第一歩

ここに、デザインがわかる人とわからない人の、大きな差があります。

**デザインがわかるようになるためには、この「本当に見ている」状態になることが、**

**とても重要です。**

そして、デザインがわからないのは「そもそも見ていなかったからだ」と気づき、自分自身の「見る」という行為を変えていく必要があります。

よく考えてみれば、そもそも、見ていないものを、わかるはずもないですよね。

ちゃんと、「本当に見る」という状態に変化していくことができれば、それが、デザインがわかるようになるための着実な一歩になるはずです。

デザインがわかる人になるためのコツ

## 07

## 実は見ていなかったことに気づき「本当に見ている」状態になることが第一歩。

# 本当に見ること

08

# デザインは言語化できる

## アートも音楽も言語化できる

デザインを理解していくために、次にみなさんと確認しておきたいこと。

それは、「デザインは言葉にできないというのはウソ」ということです。

「五感で感じることは言葉では言い表せない、あいまいなものなんじゃないか?」

「感覚や感情は、筆舌に尽くしがたい深淵なものでしょ?」

という認識が拭えないという方もいるでしょう。

しかし、そうではありません。

たとえば、デザイン以上に言葉にすることが難しそうな、アートや音楽といった芸術の世界ではどうでしょうか。

これらの芸術の世界では、作品について、昔から言葉で説明されています。

そもそも、芸術の分野には、それぞれ批評や評論といわれるジャンルが存在します。

そこでは、歴史的に、批評家や評論家と呼ばれる人たちが、作品の意味や価値を検証するために、言葉で説明をしたり、議論したりすることが、当たり前のように行われてきました。

たとえば、ピカソの作品であれば、「現実をただ模倣するのではなく、目に見えるものを、あらゆる角度から捉える新しい絵画を生み出した」

バッハの音楽であれば、「高度な技術を用いながら、耳で聴いた時には複雑さを感じさせない、自然な楽曲」など。

**このように、五感で感じることや、感覚的な問題でも、言葉にして共有するということは、長い歴史の中で、当たり前に行われてきたことなのです。**

ただ、多くの人はそういったものに、ほとんど触れる機会がありません。
なので、言語化できるという事実を知らないのです。

## デザインは言葉にできないはウソ

では、デザインの場合は、どのように言語化していくことができるでしょうか。
この二つの椅子を比べながら言語化してみましょう。

まず、一つ目の椅子は、シカ・デザインのモネという椅子です。
背面の上の角や、肘掛けなど、全体的に丸みを帯びたかたちになっています。
その丸みによって、穏やかで、柔らかな気持ちになります。
可愛らしさや愛嬌も少し感じさせます。
直線的ではなく有機的な形状であることで、人工的な感じはせず、自然な印象があ

上／シカデザインのモネ（センプレ https://www.sempre.jp/）
下／カッシーナのキャブアームチェア（カッシーナ・イクスシー https://www.cassina-ixc.jp/）

ります。

全体的に手仕事である様子が見て取れ、網目の間隔はおおよその目分量で幅広に仕上げられているようです。

緩やかなおおらかさを感じ、のびやかな気持ちになります。

また風通しがよく、涼やかな印象もあります。

背もたれは傾斜していて、背面は大きめにつくられています。

深く座りリラックスした体勢になるようにコントロールされています。

ゆったりのんびりとした時間の流れを思わせます。

この椅子は籐（ラタン）でできた椅子です。

籐は、東南アジアなどの亜熱帯・熱帯地域のジャングルで育つヤシ科の植物です。

籐は、昔から、南国で家具によく使われた素材です。

南国らしい生活や、室内空間を連想させます。

南国や、リゾート、リラックス感をテーマとした場所などにマッチしそうな椅子です。

次に、マリオ・ベリーニがデザインした、カッシーナのキャブアームチェアはどうでしょうか。

この椅子は、脚も肘掛けも含め、全てが革でつくられています。

革は上質さや高級さを感じます。

全体的に、直線的な要素が基本となっています。

そのためシンプルで、現代的な合理性を感じさせます。

凛として、背筋が伸びるような緊張感があります。

しかし、全体的に完全な直線となっているわけではなく、手仕事で仕上げたような、いびつさもあります。

また、角は少し丸みを帯びて、革が波打っているような有機的な箇所もあります。

絶妙な曲線も要所要所に用いられています。

そのことにより、単に合理的なだけではない、人間的な柔らかな感覚や官能的な美を感じさせます。

絶妙に直線と有機的な丸みのバランスが取れていることで、洗練されたエレガントさが、全体から漂っているのです。

都市の上質な空間、レストランやホテル、高級感のある住宅などにマッチしそうな椅子です。

さて、いかがでしょうか?

しっかりデザインが言語化されていましたよね。

言語化されることで、その意味や印象がはっきりわかったのではないかと思います。

**このように、デザインは、全ての要素一つ一つについて、その理由を言葉で説明することが可能なのです。**

デザインが
わかる人になる
ためのコツ

08

# デザインは言葉にして説明することができる。言葉にすれば、意味や印象がわかる。

# 09 デザインの意味は「外国語」のように理解すべし

## 視覚言語を自然言語にしよう

デザインは言語化することが可能だ、ということは、理解していただけたかと思います。

では、どのように、その言語化に取り組んでいけばいいのでしょうか。

みなさんには、こう捉えていただくと、わかりやすいのではないかと思っています。

**それは、「デザインは外国語と同じ」ということです。**

すでにお伝えしているように、デザインには色やかたちといった要素が使われています。

それらは、視覚言語と言われるものです。

それに対して、私たちが普段話している言葉は、自然言語と言われるものです。

多くの人は、この自然言語を最も得意としています。

いわば、私たちにとって一番の母国語です。

では、視覚言語はどうでしょうか。

自然言語より馴染みが薄く、外国語のように感じる方もいるのではないかと思うのです。

では、いっそ、視覚言語を外国語と捉えて、理解するための道筋を考える方が、わかりやすいのではないか、と私は思っています。

## 色かたちの意味は翻訳しながら理解せよ

色かたちには、それぞれに対応する一定の印象があるということは、すでにお伝えしました。

**対応する意味があるということは、それを照らし合わせながら意味を掴んでいけばいいということです。**

**これは、英語を日本語の意味に照らし合わせながら学ぶ外国語学習の感覚と似ています。**

つまり、緑色であれば、リラックス感や安心感。

オレンジ色であれば、陽気さや明るさ。

そんな風に、理解を進めていけばいいということです。

少しだけ難易度が高いポイントは、一つの要素に対する意味が一つではなく、複数あるということです。

複数の意味があると思うと、少し難しそうに感じるかもしれません。

しかし、これも、英語を勉強する時と同じです。

英語の単語などを覚える時も、意味は一つではなかったはずです。

シーンに応じていくつか意味があったり、熟語など、組み合わせによって意味が違ったりしますよね。

デザインも同様に、シーンによって、または組み合わせによって意味に変化があるのです。

自然言語より取り組みやすい点としては、視覚言語は自然言語に比べ、より直感的に理解しやすいものであるという点が挙げられます。

外国語の場合のように、単語の綴りを覚えたりする必要がなく、たとえば緑色は見ただけで緑色だとわかります。

覚えなくても、見ただけで感覚的に認識できるものなので、外国語よりも楽に理解が進むのではないかと思います。

また、自然言語ほど、言葉のバリエーションが多くないのも、楽に取り組みやすい点と言えそうです。

デザインがわかる人になるためのコツ

## 09

## デザインで使う、色かたち＝視覚言語は、外国語だと思えば、向き合う方法がわかりやすい。

色かたち＝視覚言語は外国語のように理解すべし

10

# アートとデザインはどう違う？

## アートは個としての精神活動

「アートとデザインはどう違うの？」

という疑問も、デザインを学び始める社会人によくあるお悩みです。

アートとデザインの意味を取り違えて、誤解してしまっていることで、デザインを上手く理解できない人も多くいます。

アートとデザインの違いを理解しておくことは、デザインを学ぶ上でとても重要なことなので、ここで整理しておきましょう。

まずアートとは何か？

**アートとは、個としての精神活動を行うものです。**

世界のあらゆる存在を多角的に見つめ、独自の視点で表現したり時代に問いかけたりします。

アートは、生産的であったり、便利だったり、経済的であったりするなど、合理的な価値がなくても良いものです。

個人としての純粋な精神活動として、人間のさまざまな感情、精神、哲学、思想、妄想などを自由に発露します。

アートには、大きく二つの側面があります。

まず一つは、広い意味でのアートです。

ただただ直感的に、心がおもむくままに、自由に行う表現活動をアートと呼ぶことがあります。

誰でもアーティストになれる。

アートは自由。

子どもはみんなアーティスト。

このような考えは、広い意味でアートを捉えたものです。

色やかたち、もしくは音楽や踊りなどの表現手段を使って、直感的に、思うままにアウトプットすることをアートと呼ぶのです。

アートを用いたセラピーや、子どもの絵画教室、大人が遊びとして行うアート教室などは、こういった領域のものです。


一方で、それらとは少し違う、アートの側面もあります。

それは、プロのアーティストによるアートの世界です。

直感的に、心がおもむくままに、自由に表現活動を行うことは基本的に共通しています。

それに加えて、プロのアーティストたちは、知識や思想を持ったり、深い考察をしたりしながら、制作活動をしています。

たとえば、人の生死の問題や、哲学的な話題について思いを巡らせる。社会や環境などの課題について考察する。日常生活における行動に注目したり、身体感覚に注目したり。扱うテーマは、アーティストそれぞれで異なります。

共通しているのは、単に直感的で自由というだけでなく、日々の深い思索を、表現に反映しているということです。

直感的でありながら、実は思想的な深さもある。

これが歴史に名を残すプロのアーティストたちの世界であり、もう一つのアートの姿です。

## デザインは社会のための生産活動

では、一方で、デザインとはなんでしょうか？

**デザインとは、人々の生活づくりを行うものです。**

客観的な人間理解を前提とし、社会的な価値創造を目的とします。

デザインはアートとは違い、生産的、役に立つ、便利、などの合理的価値がある必要があります。

また、個人的な嗜好や思いより、一定集団にとっての最適解を目指すことが、重要視される傾向にあります。

私にとってよい、ではなく、みんなにとってよいものを考えるということです。

たとえば、グラフィックデザインという領域では、パッケージや広告をつくったり、本やウェブサイトなどをつくったりします。

商品や企業の特徴や作り手の思いなどが、しっかり顧客に伝わるよう、みんなに伝わりやすい色やかたちを選びながらデザインします。

情報や魅力が、正しく伝わるよう見せ方を工夫するのです。

また、インテリアデザインやプロダクトデザインという領域では、生活に使う家具や家電、文具、生活用品などをデザインします。

それらをデザインする時は、多くの人々が、利便性と感性的喜びがある生活ができるようにと考えながらつくります。

そのために「みんなはどんな生活スタイルを持っているのか?」をリサーチしたり、「家の中でどんな過ごし方をするのか?」といった行動を観察したりすることもあります。

そうすることで、みんなにとっての最適な解を探しながらデザインするのです。

このように、デザインは他者や一定の集団の感じ方を客観的に理解しながら、目的に対する最適さを生み出すことが、重要となってくる領域なのです。

## デザインをアートと混同しない

デザインを上手く理解できず混乱している人には、デザインをアートのように捉えてしまっている人もいます。

デザインは個人的な思いを発露するもの。

デザインは感覚的で主観的なもの。

デザインは自由。

これらの誤解は、デザインをアートのように捉えてしまっていることが大きな原因です。

個人的な思いの発露、主観的、自由、感覚的といったものは、基本的にはアートの特徴です。

まずは、こういったアートの特徴を、デザインと混同せず、分けて考える。

このことをしっかり押さえてもらうことで、デザインへの正しい認識が持ちやすくなるはずです。

デザインが
わかる人になる
ためのコツ
**10**

**アートは個としての精神活動。**

**デザインは人々の生活づくりを行うもの。**

**アート**は個としての精神活動

**デザイン**は人々の生活づくりを行うもの

# 第2章

# そもそも、デザインとは何か？

# 11 なぜデザインは「わかりづらい」のか？

## デザイナーは包括、ビジネスパーソンは分割で考えている

ここまで、デザインについての誤解を整理し、基本的な部分についての理解を深めてきました。

モヤモヤしていた疑問点が、少しずつすっきりしてきているでしょうか。

第2章では、さらに、みなさんのモヤを晴らしていくために、

「そもそも、デザインって何？」

という、より根本的な疑問にお答えしていきたいと思います。

「デザインとは何か?」

いろんな本で読んだり、話を聞いたりしても、わかったようでわからない、という声を、社会人の方からよく聞きます。

漠然と、「魅力的なものらしい」「何か、すごいことができるものなんだな」とはわかるけれど、その本質がどうにも掴みきれない、と感じている方も多いでしょう。

なぜ「デザインとは何か?」は、わかりづらいのでしょうか。

その理由は大きく三つあります。

まず一つ目は、単純な理由です。

**デザインは簡単にはわからないちょっと難しいものだ、ということです。**

デザインは、少し情報を聞いただけでわかるようになるほど、単純なものではありません。

ある程度のインプットとアウトプットの学びの経験がなければ、腹落ちして自信が持てるほどにはならないのです。

なんとなく見聞きしただけだと、わかったような気はするけれど、本当にはわからない。

なんとなく使えるけれど、プロのように使えるというほどにはならない。

それくらい、デザインは深みのある領域なのです。

これは、他の専門性を必要とする領域と同様ということです。

デザイン本を読んだり、デザイン講座を受講してみたり、自分でつくってみたりするなど、知る機会を一定程度持っていただくことで、だんだん「わかる」状態へと変化していくはずです。

二つ目の理由は、どこの業界でもよくある理由です。

**デザインという言葉は、デザイナーの価値観を前提として、語られることが多いの**

**で、わかりづらいのです。**

専門家特有の価値観や前提があるのは、どの業界でもよくあることですが、デザイン業界も、そういった傾向があります。

たとえば、デザイナーは、色やかたちの意味は、誰でも見れば当たり前に直感的にわかるものだと思っている場合が多くあります。

なので、色かたちの意味や印象を読み取る力は、それほど特別な能力ではなく、しごく普通のことだと考えている人がほとんどです。

もしくは、多くのデザイナーは、人間であれば誰もが、感性的価値（詳しくは後述していきます）を思い思いに楽しんで生きていると考えています。

ですから、感性的価値が重要であると、取り立てて説明する必要があると考えている人もあまりいません。

しかし、実際には、感性的価値を楽しむことが苦手で、合理的価値にばかり囚われている人は多くいます。

そのように、デザイナー以外の人にとっては特別なことでも、デザイナーは「普通」であり、「ごく一般的なもの」だと思い込んでいることは多くあります。

当然ながら、「普通」「一般的」だと思い込んでいることを、「デザインだけの特別な特徴」として語るデザイナーはほとんどいません。

そのせいで、デザイナー以外の人が本当に知りたい重要なことが、語られない場合があるのです。

こういった専門家と非専門家の認識のズレは、どんな領域でもよく起こることです。

そして、このような認識のズレがあることで、お互いのコミュニケーションがすれ違ってしまうのです。

だから、「デザインとは何か?」は、やはりわかりづらくなってしまうのです。

最後の、三つ目の理由は、二つ目とも関連する、少し複雑な理由です。

**デザイナーが思っている「デザインとは何か?」という定義と、ビジネスパーソン**

**が知りたい「デザインとは何か？」の定義が、ずれているということが、デザインをわかりづらくしています。**

少し難しい言い方にはなりますが、先に結論をいうと、優秀なデザイナーはデザインを包括的に捉えたいと思い、一般的なビジネスパーソンは分割的に捉えたいと思っています。

だから、認識する定義がずれるのです。

それは具体的にはどういうことなのか、整理してみましょう。

まず、優秀なデザイナーは、デザインをどう捉えているのでしょうか。

デザイナーが考えるデザインの枠組みとは、このようなものです。

「デザインとは、デザイナーだけが持つ専門知にとどまらず、必要に応じて、経営や工学などに関する能力を持った上で行うものである。それら全てを持っていないとデザインはできないし、デザインとは言えない」

と、捉えています。

こう聞くと、「あれ、デザイン以外の領域も含んでいるんじゃないの？」と思うかもしれません。

しかし、デザイナーは、それらの能力も含めて、デザイン能力だと捉えています。

それはなぜなのでしょうか？

なぜなら、そういった経営や工学に関する知識がなければ、デザインを完成させることができない場合が、実際には多くあるからです。

たとえば、椅子をデザインする場合で考えてみましょう。

優れたデザイナーが、椅子をデザインするプロセスをたどってみましょう。

まず、どんなコンセプトにするのかを決めるために行動します。

そのために、生活する人が、椅子にどんな価値を求めているのかを知ろうとすることが大事になります。

生活する人の実情を知るために、インタビューしたり、行動を観察したりします。そうすることで、ユーザーという人間に寄り添いながら企画を検討します。このように人間を重視して考えるのは、デザイナーらしい行動の一つです。

次に、椅子についてのさまざまなデータを調べたりもします。たとえば、これまでにどんな商品があったか、競合の商品はどのようなものか、何がどれくらい売れたかなどの、データを調査したりすることもあります。これは、マーケター的な行動で、マーケティングの視点や知識が必要になる領域です。

しかし優れたデザイナーであれば、デザイナーにも必要な能力だと考えます。観察やインタビュー、マーケティング調査を行い、おおよその方向性が決まってきたら、次に考えるのは、どのような機能が必要かという問題です。

機能や構造を考えるためには、エンジニアのような工学の視点や知識が、必要になります。

さらに、生産方法や売り方などについての検討も必要です。生産する工場にどう動いてもらうかなどを考えたり、売値やかかるコストを考えたり、アフターケアなど販売後のことを考えたりするのです。

ここでは、さまざまな経営の視点や知識が必要です。

そのようなプロセスをたどりながら、最終的に、どのような体験価値を生み出すべきか、どんな色かたちにすべきかを決定して、アウトプットをつくっていくのです。

多くの人は、この最終段階の、色・かたちのアウトプットを決定する部分だけを、デザイナーの仕事だと思っているかもしれません。

しかし、それ以外にも必要なプロセスが実はたくさんあるのです。

今、お伝えしたことも大雑把な流れですから、実際には、さらに細々とした検討事項が加わっていきます。

もちろん、これらはチームで行う場合が多いですが、そんなプロセス全体に判断力・発想力を持ち、プロジェクトを進めていくのが、デザイナーの仕事なのです。

ですから、デザイナーは、これら全体を検討できる能力を、デザイン能力だと考えています。

プロセスの全てが、一連の流れとして繋がっているし、どれもデザインを仕上げていく上で、重要な要素だからです。

分けることが難しいのです。

このような背景から、デザイナーは、デザイン行為の定義を非常に広く捉える傾向があります。

さらに、優秀なデザイナーは、人間としての高い真善美の価値観を持つことを目指す人も多くいます。

環境や社会にとって良いかという視点を大事にしたり、哲学的に人間のあるべき姿を考えたりすることで、より高いレベルの真善美を実現しようとするということです。

企業の利益などだけでなく、そのように広い視点まで持ってこそ、初めてデザイナーたりえる、と思っている人もいます。

そういった点まで加わると、デザイナーのデザインの定義はさらに広く、包括的なものになってくるのです。

一方で、一般的なビジネスパーソンは、どうでしょうか。

**ビジネスパーソンのビジネスの捉え方は、基本的に分割的です。小分けにされた、それぞれの分野があるという考えです。**

マーケティングやオペレーションは経営マター。

機能や構造はエンジニアの領域。

環境や社会について考えるのはＳＤＧｓの観点。

そのように、分割的にものごとを捉えます。

そもそも、企業の中は、専門分野ごとに部署がわかれて縦割りになっていることがほとんどです。

そして、一般的なビジネスパーソンは、そのような小さな専門分野ごとにわかれて行動することが当たり前になっています。

なので、ものごとの認識も、小さな分野ごとに分割して捉えることが普通なのです。

もちろん、優秀なビジネスパーソンや起業家、経営者などは、優れたデザイナー同様、包括的に行動をしている人もいます。

ただ、認識としては、分割的な各分野として捉え、分割的に各分野の特徴を理解する方がスムーズだと考えている人の方が多いでしょう。

そのようにビジネスパーソンは、分割の視点で捉える方が自然であるため、デザイナーの広く包括的なデザインの定義を聞くと、少し混乱してしまうのです。

「で、結局何がデザインなの？」

「どこからどこまでがデザインなの？」

と、わけがわからない、という気持ちになるのです。

**つまり、縦割りで分割して、専門分野ごとに小さく切り分けて理解することが当たり前だと考えているビジネスパーソンと、常に広く包括的に考えることが当たり前だと考えているデザイナーとで、理解の方法がすれ違ってしまっているのです。**

## デザイナーだけの圧倒的な強み、という視点で考える

そんな状況に気づいた私は、一つの答えにたどり着きました。

それは、ビジネスパーソンにわかりやすいようデザインを伝えるには、分割の視点に立って、デザインを再定義した方がいいということです。

つまり、「他分野の人がやっていなくて、デザイナーだけがやっていることは何

か？」という視点で、デザインを説明すること。

「デザイナーだけの強み」に限定して、デザインを定義するということです。

もちろん、分割の視点でデザインを捉えてしまうと、デザイナー側としては、「そんなことだけをデザイナーはやっているわけじゃない」「そんなことだけでは、デザインはできないよ」と思うかもしれません。

また、デザインの歴史においても、こういった分割の視点で、デザインを語った人はほとんどいませんでした。

しかし、今、専門家を目指す人だけではなく、あらゆる人がクリエイティブを学ぶ時代へと変化しています。

これまでとは違う視点が求められているのです。

よりよいデザインの実践が、ビジネスシーンに広がる一助になればという思いで、あえて分割の視点で、デザインを再定義することを試みよう、と私は考えました。

デザインが
わかる人になる
ためのコツ

11

# デザイナーは、デザインを包括的に
# 広く大きく捉えている。

E
N
D
S
G
I
D
E
S
I
G
N
デザイナーは包括的
ビジネスパーソンは分割的

# 12 デザインの役割 ①視覚から情報を伝える

## デザイナーは視覚からの情報伝達が得意

ではさっそく、ビジネスパーソンにとって理解しやすい分割の視点で、デザインを再定義していきましょう。

ビジネスで、どのようにデザインを使っていけばいいのかを考えるために、デザインやデザイナーの特性を知る、という視点で読み進めていただければと思います。

まず、分割の視点で考えるために、私は問いを設定しました。

それは、

「デザイナーだけの圧倒的な強み、と言えるものは何か？」
ということです。
他の専門家にはほとんどなくて、デザイナーだけに圧倒的にあると言える強みを考えてみようということです。

デザイナーだけの圧倒的な強みとはなんでしょうか？
それは、大きく三つあります。
**一つ目は、視覚から情報を伝えること**
**二つ目は、感性的価値を生むこと**
**三つ目は、人間中心で考えること**
です。

では、まず一つ目の「視覚から情報を伝えること」から、整理してみましょう。

視覚から情報を伝えるとは、目から人に何らかの情報を得てもらう、ということです。

デザイナーはこの視覚から情報を伝えることに、圧倒的な強みを持っています。

## ブランディングでコンセプトや戦略を伝える

視覚から情報を伝えることとは、どのようなシーンで使われるのでしょうか。

まず、ビジネスにおいて、よく使われるシーンが、ロゴやパッケージ、広告などのブランディングのためのデザインの時です。

すごく簡単に言えば、たとえば、企業ロゴをつくる時、情熱的で勢いのある企業だという情報を伝えるために、赤色を使う。

洗剤のパッケージをつくる時、爽やかさや清潔という情報を伝えるために、白色や青色を使う、というようなこと。

**つまり、コンセプトや戦略、メッセージを、色・かたちを通して伝えるのが、視覚から情報を伝えるということです。**

このように、色・かたちを通して視覚から情報を伝えることで、多くの良いことがあります。

まず、その商品・サービスの個性をより強く感じやすくなるという良さがあります。言葉で説明するだけでなく、色・かたちでも伝えることで、その商品らしさや特徴がよりはっきりと伝わるのです。

これは、たとえば、新しい人を知る時に、言葉での自己紹介を聞くだけよりも、その人の服装や髪型、持ち物や立ち振る舞いなどを目にすることで、個性をよりはっきり知ることができる、というようなことと似ています。

次に、瞬間的に認識できる、という良さもあります。

文字や言葉だけで、商品や企業の特徴を説明した場合、読んだり聞いたりする時間が必要となります。

そうすると、その情報を理解するのに、一定程度の時間がかかってしまいます。

しかし、顧客は、多くの商品や企業がある中で、一つの商品や企業を理解するために、それほど多くの時間を割いてはくれません。

ですから、瞬間的に伝達できる色・かたちで、情報を伝えることに良さがあるのです。

色・かたちは、ほんの数秒で、商品や企業の存在を知らせ、イメージを伝えることができます。

言葉での説明よりも、短い時間でコミュニケーションができるのです。

他にも、覚えてもらいやすいという良さもあります。

色・かたちは、文字や言葉とは違い、瞬間的にイメージが届くため、目の端にちょっと映っただけでも覚えてもらえる可能性があります。
だから、多くの商品に紛れていても、なんとなく記憶に残る。
そして、再度見た時に、気づいてもらえる可能性もある。
つまり、買ってもらえるチャンスが大きく増えるということです。

他にも、さまざまな良さがありますが、このように、色・かたちを使って視覚から情報を伝えることで、その他の方法で伝えるのとは違った、プラスの効果が生まれるのです。

## プロダクト・建築・空間で印象を伝える

視覚から情報を伝える力は、プロダクト・建築・空間をつくる時にも使われます。
プロダクトというのは、家具や家電、生活用品、自動車や飛行機などの製品のことです。

プロダクトや建築・空間をつくる場合の、色・かたちの使われ方は、機能的な役割と、印象を伝える役割という二つの側面に分けて考えると捉えやすくなります。

まず、一つ目の、機能的な役割とはどういうものでしょうか？

たとえば、座りやすいかたちになっている椅子。

歩きやすい導線を確保するための通路。

目を引くため、目立つ赤色にした緊急用のボタン。

スピードが出やすいよう、先が尖った形状になった高速鉄道。

このように、実現したい機能に沿った、色・かたちにする。

これが色・かたちの、機能的な役割としての使われ方です。

こういった、機能を実現するための色・かたちの設計は、デザイナーが得意な分野ですが、エンジニアも得意とする領域です。

なので、デザイナーの強みではありますが、デザイナーだけの圧倒的な強み、というわけではありません。

では、二つ目の、印象を伝える役割とはどのようなものでしょうか?

これがまさに、デザイナーだけが圧倒的な強みとしている分野です。

たとえば、丸みを帯びたかたちのソファにすると、柔らかく穏やかな印象になる。

木の素材を使って店舗空間をつくると、自然で温もりある印象になる。

色をパステルカラーにした家具は、幼く可愛らしい印象になる。

白黒や灰色といったモノトーンの色を使うと、都会的で現代的な印象になる。

このように、実現したい印象をつくるために、色・かたちを選ぶ。

これが、色・かたちの、印象を伝える役割としての使われ方です。

**デザイナーは、狙った通りの印象をつくるために、どんな色・かたちを使うかを計画しているのです。**

これは、他の分野の人たちがほとんど行わなかったり、苦手としたりする領域で、まさにデザイナーだけの強みといえるものです。

## サービスを具現化する

さらに、近年注目を集める、ＵＸデザイン（ユーザーの体験をデザインすること）や、サービスデザインの領域でも、視覚から情報を伝える力は、活かされています。

サービスや体験のデザインというと、一見かたちのないもの、無形の価値を生み出すことであり、色・かたちとは無関係のようにも感じる人もいるかもしれません。

しかし、そうではありません。

どんなサービスも、アイデアやコンセプトという段階では無形でも、実際にそのサービスが顧客に届く時には、有形になって届いていきます。

最終的には、色・かたちを通して、顧客に体験されるということです。

たとえば、アプリで注文するフードデリバリーや、スマホで見る動画配信などの、新しいサービスもそうです。

提供している価値は、食事を宅配する、動画を配信する、といった無形のサービスです。

しかし実際には、顧客は、色・かたちでつくられたアプリ画面や、広告でつくられたイメージなどを通して、そのサービスを知り、体験します。

アプリ画面や広告などにある、色・かたちを通して、サービスに対する印象がかたちづくられ、顧客の体験が生まれていくのです。

**色・かたちは、顧客が「どんな体験をしたか」を実感する、とても重要なパートを担っているのです。**

そもそも、人間は、常にモノと共に生きています。

みなさんの生活を、思い浮かべてみてください。

私たちは、常に、何らかのモノを使い、モノと共に生活し、モノを介して情報を受け取り、モノを介してサービスを受けているのです。

人間として生きている以上、モノが介在しない時空を体験することは、ほぼありません。

ですから、モノに必然的に伴う、色・かたちを設計する力は、どんなサービス・体験をつくる時も重要なのです。

## 人は視覚が8割

視覚から情報を伝えることに、大きな価値があることを、裏付ける数字があります。

**それは、人間が五感から受け取る情報の8割以上が視覚からである、ということです。**

**人は、外の世界から得る情報のほとんどを、目から受け取っているのです。**

ですから、ビジネスでも、何かを伝えようとする時に、圧倒的に多く使われるのは、視覚からの情報です。

たとえば、顧客に自社の製品やサービスを知ってもらうために、ロゴ、パッケージ、ポスター、ＣＭ、ウェブサイトなどをつくります。

その多くは、視覚から情報を伝えることを中心としてつくられます。

なぜなら、視覚から伝えると、最も多くの情報を伝えることができるからです。

多くの人は、視覚から情報を伝える価値を無意識に実感し、すでに実践しているのです。

ただ、もちろん、人には視覚だけでなく、聴覚、触覚、味覚、嗅覚の五感もあります。

デザインする時は、必要に応じて、視覚以外で受け取る情報の設計も行う場合があります。

たとえば、触覚。

家具や服、おもちゃなど、手に触れるものであれば、触覚からどう感じさせるかも、設計する必要があります。

服をつくるなら、麻と綿とレーヨンでは見た目はもちろん、手触りが大きく違います。

おもちゃなどをつくる場合も、ツルツルとした触り心地なのか、ザラザラとした触り心地なのかで、どのような体験になるかが変わります。

そのため、触覚からの情報も設計することが大事になってくるのです。

これは、ものづくりを行うことが多いデザイナーが、視覚の次に、比較的多く扱う五感の分野です。

次に、聴覚の場合はどうでしょう。

たとえば、家電などで操作音が鳴ったり、オフィスや駅などで、お知らせのために音を利用したりすることがあります。

そんな場合は、聴覚からどう感じさせるかも設計する必要があります。電子レンジや炊飯器の出来上がりを知らせる音が、メロディなのか、単音なのか、高い音なのか、低い音なのかで、印象は変わってきます。

駅の発車音も、どんな音にするかによって、乗客たちの気分はもちろん、落ち着いて行動させたり、焦らせてしまったりなど、行動にも影響が出ます。

こういった聴覚から伝わる情報も、とても重要で、デザイナーが考える場合がある分野です。

このように、実際には、必要に応じて、五感から伝わるさまざまな情報の設計を通して、デザインはつくられていきます。

このような、視覚以外の要素に関しては、デザイナー自ら取り組む場合もありますが、チームを組んで取り組む場合もあります。

なぜなら、他の五感領域はそれぞれ、専門家がいるケースもあるからです。たとえば、聴覚情報は作曲家、味覚情報なら料理家、嗅覚情報なら調香師など。それぞれ、より高度な設計ができる専門家がいる場合もあります。

五感全体から伝わる情報をしっかり検討し、質の高いものをつくるために、そういった専門家とチームで仕上げていくことも、よく行われることです。

**このように、デザインは、視覚情報を中心としながらも、五感から伝わる情報全体を設計していく分野とも言えるのです。**

デザインがわかる人になるためのコツ

12

**視覚から情報を伝える力は多くのビジネスで活かされている。**

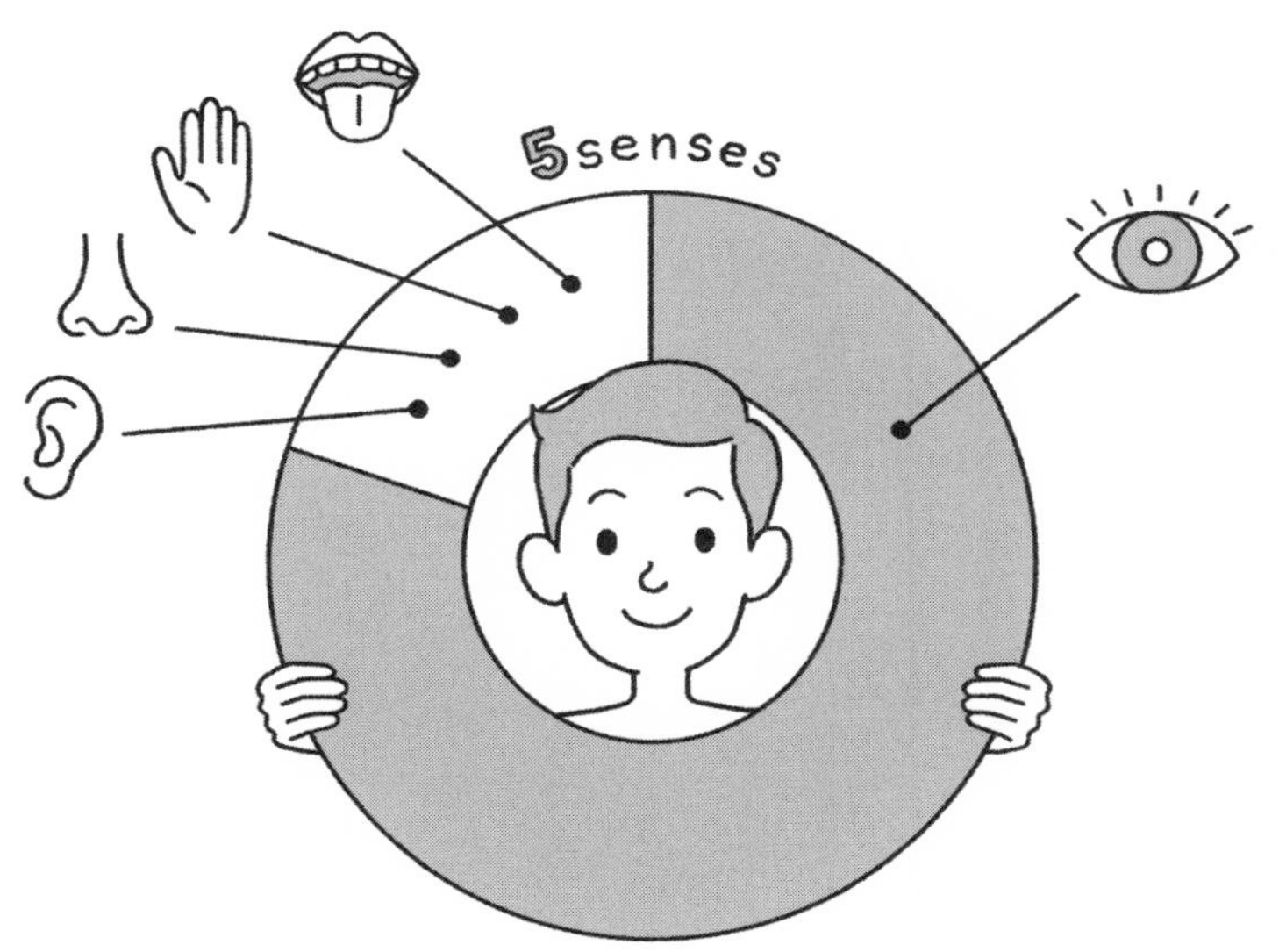


人は視覚からの情報が8割

## 13 デザインの役割 ②感性的価値をつくる

### デザイナーは感性的価値づくりが得意

では、次に、デザイナーだけの圧倒的な強みの二つ目である、「感性的価値を生むこと」について、整理していきましょう。

さて、感性的価値とは、どのようなものでしょうか？

その話をする前に、少しだけ前提をお伝えすると、感性という言葉は、学問領域で広く使われている言葉です。

哲学、心理学、工学など、さまざまな領域で感性という言葉が使われています。しかし、それぞれに使い方はさまざまで、一つの明確な定義があるわけではありません。

そういった意味では、やや混乱を生む言葉でもあります。

ですから、本書で感性について語るにあたり、本書の場合の言葉の定義をお伝えした上で、話を進めたいと思います。

**本書でお伝えする感性的価値とは、美的、情緒的、精神的などの観点において喜びを感じることです。**

美的というのは、美しいと感じるということ。

情緒的というのは、趣がある、感情が動かされる、心に湧くしみじみとした感情。

精神的というのは、非物質的な価値、文化的な意味がある、ということです。

感性的価値についてみなさんと共有するにあたり、もう一つ確認しておきたいのが、この感性的価値と対するものが何かということです。

感性的価値と対するもの、それは合理的価値です。

合理的な価値とは、安い、早い、便利、効率的、などの観点において、喜びを感じることです。

たとえば、大量発注で仕入れ価格を抑え、製品を安価で顧客に提供することができれば、顧客に「安くて嬉しい」という喜びを与えることができます。

また、テクノロジーの力を使って、掃除をしてくれるロボットができれば「便利で効率的になって嬉しい」という喜びを与えることができます。

これらは、合理的価値による喜びです。

こういった合理的価値は「役に立つから、価値があるもの」とも言えます。

ではそれに対して、感性的価値は何だと言えるでしょうか。

**感性的価値は、「役に立つわけではないが、価値があるもの」と言えます。**

**便利だったり効率的だったりして、役に立つわけではないけれど、人間に喜びを与**

**えるもの。**

**それが、感性的価値なのです。**

この感性的価値を生み出すことは、デザイナーだけが圧倒的に得意とする分野です。

## 暖炉と感性的価値

感性的価値とはどのようなものなのか、「暖炉の良さとは何か？」について考えながら、確認していきましょう。

最近、暖炉に惹かれる人が増えています。

みなさんは、暖炉のある家に憧れがあるでしょうか？

私は火の揺らぎを見ると穏やかな気持ちになるので、とても魅力を感じます。

しかし、そもそも暖炉は不便なものです。

暖まるのが遅いし、掃除が大変で手間がかかる、その上、値段も高い。

さらには、暖炉自体も大きかったり、薪や鉄製の道具なども必要だったりして、場所をとります。

ネガティブな要因ばかりです。

しかも、今の時代は、そういったネガティブな要因を排除することができる、エアコン、ヒーター、床暖房など、便利な暖房器具が他にもたくさんあります。

なのに、なぜわざわざ暖炉を選ぶ人がいるのでしょうか？

それは、そこに、たくさんの魅力があるからです。

たとえば、炎の揺らめきが美しい、火の爆（は）ぜる音が心地よい。

野性的で自然を感じる、心が落ち着き癒やされる。

というような価値を感じているからです。

そういった価値があるので、不便でネガティブな要因がたくさんあっても、暖炉を選ぶ人がいるのです。

ちなみに、ノルウェーの公共放送局NRKで、8時間連続で、暖炉の炎の様子だけを放送し続けたことがあるそうです。

その時の視聴率が、なんと20％。

暖炉がどれほど人々を惹きつけるものであるかを示す例です。

さて、ここまでの話の中に、二つの要素があったことに、みなさんもお気づきでしょうか。

まず暖炉のネガティブな要因について

・暖まるのが遅い
・掃除が大変で手間がかかる
・値段が高い

・暖炉自体が大きく、薪や鉄製の道具なども場所をとる

これは合理的価値について述べたものです。

安い、早い、便利、効率的、などの観点において、価値があるかどうか、ということです。

そして一方、暖炉の魅力について

・炎の揺らめきが美しい

・火の爆ぜる音が心地よい

・野性的で自然を感じる

・心が落ち着き癒やされる

これは、感性的価値について述べたものです。

美的、情緒的、精神的などの観点において、価値があるかどうか、ということです。

**つまり、暖炉は、合理的価値の観点からみれば魅力度が低いけれど、感性的価値の観点からみれば魅力度が高い。**

だから、人々に求められる存在になっている、ということなのです。

暖炉は、現代においては、感性的価値に高い比重がある、いい意味で偏りのある製品です。

みなさんに、感性的価値とは何か?を理解していただくために、あえて、感性的価値が際立った事例を共有してみました。

感性的価値の正体が見えてきたでしょうか。

デザイナーは、こういった感性的価値を生み出すことが得意です。

他の領域の人と比べて、その上手さは圧倒的です。

どんな製品・サービスをつくる場合でも、必ず感性的価値の優れたものにする。

それが、デザイナーなのです。

しかし、もちろんそれだけでなく、デザイナーは合理的価値も大事にしています。人々の生活づくりをする使命を持ったデザインという仕事において、合理的に役立つものを生み出すこともまた、当然重要なことだからです。

実際にデザインをつくる時には、感性的価値と合理的価値の一方に偏りすぎず、どちらも重視しながら、より良いバランスを目指して、製品・サービスづくりをすることをデザイナーは目指します。

## 動物のかたちをした輪ゴム

では、感性的価値について、さらに理解を深めるため、具体的な事例を見てみましょう。

生活用品を企画製造するアッシュコンセプトが、パスキーデザインと共に開発した、アニマルラバーバンドという動物型の輪ゴムがあります。

これは通常の輪ゴムを動物のかたちに変え、カラフルな色をつけたものです。

この商品を、最初にオーダーしたのは、ニューヨーク近代美術館（MoMA）でした。

輪ゴムといえば、普通は円形で、ゴムの素材そのままの黄土色をしています。

強度があり、使い勝手がよく、複数回使える製品です。

しかし、一方で、そんな性能の良さにもかかわらず、簡単に捨てられてしまうものでもあります。

食品の袋の口を閉める時に使って、そのまま袋と一緒に捨ててしまう。

床に落ちていたら、ゴミと一緒に捨ててしまう。

そんな風に、まだ使えるはずの輪ゴムを、簡単に捨ててしまったことがある人も多いのではないでしょうか。

このアニマルラバーバンドは、輪ゴムをあえてカラフルな動物のかたちにすること

アッシュコンセプトがパスキーデザインと
開発した「アニマルラバーバンド」

で、愛嬌があり面白さがある、ワクワクするものに変えました。ただの輪ゴムから、愛着を感じさせる輪ゴムへと変化させたのです。そうすることで、大事に使いたい存在となり、簡単に捨ててしまうものから、繰り返し使いたいものとなりました。

機能面でも、素材を耐久性の高いシリコーンに変えることで、より長く多様なシーンで使えるよう工夫しています。

合理的価値の向上はもちろん、感性的価値で人の心を動かし、サステナブルな行動を促した好例です。

## 最も美しいレモン絞り器

イタリアの日用品メーカーであるアレッシに、フィリップ・スタルクがデザインした、ジューシーサリフというレモン絞り器があります。

この商品は、1990年に販売され、20世紀を代表するアイコンとして、世界中の美術館に所蔵されています。

本体は、光沢あるシルバーで、細い三本足がついています。

その不思議な形状から、宇宙船や未知の生物・宇宙人のような近未来感を覚え、好奇心をかきたてられます。

ほっそりとした縦長の優美なシルエット、スクイズ部分・足の部分の、丸みとシャープさのバランスが美しく、都会的な洗練や上品さも感じます。

台所用品なのに、美術品のような、彫刻のような佇まいです。

さて、このジューシーサリフはどのように使うのでしょうか?

まず、グラスを三本足の中央に置きます。

そして、切ったレモンを上から押し付ける。

そうすると、絞った果汁が下部の先端に伝い滴り落ちる仕組みです。

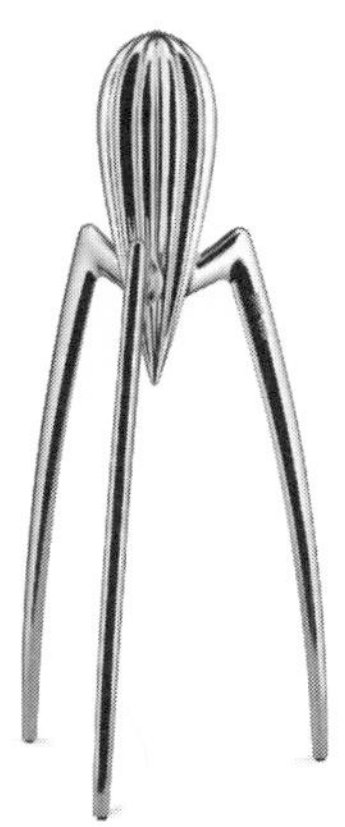

アレッシがフィリップ・スタルクと
開発した「ジューシーサリフ」

滴って落ちる果汁から、原始的で野性的な魅力や、非日常的な面白さを感じそうです。

このような、美しく好奇心をかきたてるヴィジュアルや、非日常的な面白い体験が、ジューシーサリフの感性的な魅力です。

もちろん、ジューシーサリフよりも、合理的価値が高いレモン絞り器をつくることはできるでしょう。

レモンのタネを途中でキャッチする網目状のものをつけたり、果汁を受ける専用の器をつけて、果汁をキャッチしやすくしたりなど、合理的にもっと役に立つものにすることは、いくらでもできそうです。

けれど、ジューシーサリフは、あえてそれをしませんでした。

あえて合理的価値を最小にすることで、感性的価値が最も高まるかたちに挑戦したのです。

これが、ジューシーサリフの良い点です。

もちろん、合理的価値をより重視した商品の中にも、優れたレモン絞り器はあるでしょう。

好みによって、そちらを選ぶことも良い選択です。

しかし、ジューシーサリフの、感性的価値に最大限振り切った提案も、また一つの魅力的な選択肢ではないでしょうか。

そして、ジューシーサリフは「感性的価値とは何か?」を私たちに教えてくれる、よい手本にもなっているのです。

デザインがわかる人になるためのコツ

## 13

## 感性的価値で、人の喜びを増やす。

# 14 デザインの役割 ③人間中心で考える

## 人間に寄り添いながら発想する

さて、デザイナーだけの圧倒的な強みのうち、一つ目の「視覚から情報を伝えること」、二つ目の「感性的価値を生むこと」について詳しく見てきました。

では、最後に、デザイナーだけの圧倒的な強みの三つ目、「人間中心で考えること」について整理してみましょう。

**人間中心で考えるというのは、アイデア発想の時に、人間に寄り添いながら考えるということです。**

多くの人は、製品やサービスをつくる時に、

「企業の価値観」

「業界のルールや常識」

「マネジメント上の都合」

「製造工程でのつくりやすさ」

「新技術を提供すること」

など、会社、業界の価値基準や、どんな技術を使うかなどを、知らず知らず、発想の前提としがちです。

しかしこれでは、企業中心、業界中心、技術中心の発想になってしまいます。

社会に生活する人間を中心とした発想ではなくなってしまうのです。


そもそも、デザインという仕事が誕生したのは、第一次産業革命の時代でした。

それまで職人が手作業で行っていたものづくりを、機械で大量生産できるように

なったのです。

製品が量産できるようになったことで、社会が急速に発展しました。

しかし一方で、機械で量産しやすいかどうか?が、製品づくりの基準となってしまうという弊害も出てきました。

ユーザーのことを考えず、機械中心の発想でつくられた、粗悪な商品が出回ることに繋がってしまったのです。

その状況に対して「もっと人の生活に寄り添った、良いものを届けなくては!」と警鐘を鳴らしたのが、デザインという仕事の起こりなのです。

この時代から、デザインは、一つの大きな問いをずっと追ってきました。

それは「どうすれば、人間に寄り添った発想ができるのか?」ということです。

**デザインの歴史は「人間に寄り添った発想法」の歴史でもあるのです。**

だからこそ、優れたデザイナーは、人間中心で考えることを圧倒的な強みとしているのです。

「どうすれば、人間に寄り添った発想ができるのか?」という問いは、今も考え続けられ、進化しています。

デザイナーも、常に先人から学び、本質を学び、社会の課題を学び、「何を考えるべきか?」を自らに問い続けています。

ですから、当然この領域には「これとこれを考えたら人間中心に考えたことになる」という答えがあるわけではありません。

ここでは、これまでデザイナーがどのような視点を持って、この問いに挑んできたかの一部をご紹介します。

## ユーザーの視点で考える

**人間中心に考えるために、デザイナーがまず大事にしているのは、製品・サービス**

**を使うユーザーに徹底的に寄り添うことです。**

そのため、何かをつくる時、デザイナーは最初に、ユーザーとなる対象者を観察したり、インタビューしたりします。

たとえば、新しい駅をつくるとしたら、その周辺に住む人が普段どんな行動をとっているかを実際に見て観察をする。

どんな困りごとや、希望があるかなどを、周辺に住む人にインタビューして聞く、などといったことです。

そうすることで、

「ユーザーの生活をよくするために何が重要か？」

「ユーザーはどんなことに喜びを感じるか？」

「ユーザーの課題を解決するには何をすればいいか？」

など、ユーザーに寄り添って考えるための参考にするのです。

観察やインタビューは、ユーザーの心理を理解したり、具体的な困りごとを理解したり、ユーザーには言語化できない奥底にある希望を想像したりすることに役立ちます。

そうやって、「ユーザーにとって必要なことは何か」を理解することで、よりユーザーに求められる、製品やサービスを設計することができるのです。

このような、観察やインタビューという手法は、近年ビジネスの分野でも知られてきている、人間中心に考えるための基本的な手法です。

## 体験価値を考える

デザイナーは、モノづくりだけをしている印象を持っている人も多いかもしれません。

**しかし、デザイナーはモノをつくるだけでなく、そのモノを通して、人がどんな体験をするのか?を考えながらモノづくりをしています。**

単に色・かたちを整えることで見た目を整えればよい、ということではなく、そのモノを通して人がどんな時間を過ごしたり、どんな生活をしたり、どんな感情をもったりするのかを考えるということです。

たとえば、無印良品に「体にフィットするソファ」という家具があります。このソファは、単に見た目のよいモノをつくる、という考えだけでつくられたわけではありません。

「それぞれの自由なくつろぎの時間」という体験をデザインしているのです。

普段リビングで過ごす時、ソファに座るのではなく、ソファを背もたれにして床に座っている人はどれくらいいるでしょうか。

近代以降の日本は、それまでの畳を中心とした床生活から、西洋式の椅子生活へと変わっていきました。

けれど一方で、床生活の心地よさに慣れていて、せっかくあるソファに座らず、ソファを背もたれにして床に座る、という人も多くいます。

無印良品の「体にフィットするソファ」

そんな中、この「体にフィットするソファ」は両者のちょうど中間に、新たな提案をしたのです。

このソファは、大きなクッションのような、小さなソファのようなかたちをしています。

また、ソファの中身に流動性のある微粒子ビーズを使うことで、使い方に合わせてかたちが変わり、さまざまな体勢を受け止めることができます。

そのことで、座るだけではなく、寝そべったり、枕のように使ったり、オットマンとして使ったりと、さまざまな使い方ができます。

床に座ってリラックスしたい、ソファのような柔らかさが欲しい、寝そべりたい、寄りかかりたい、足を投げ出したいなど、それぞれの自由なくつろぎの時間を実現したのです。

このソファは、単に見た目のよい家具をつくったのではなく、それぞれの自由なくつろぎの時間という体験をデザインしたのです。

このように、デザイナーはモノをつくるだけではなく、体験を生み出すことを常に意識することで、人に寄り添ったデザインを生み出しています。

## 人間の本質を探究する

デザインの世界では、民俗学や文化人類学、哲学、美学、社会学などの学問を学ぶことが重視されています。

なぜなら、それらの学問は、人間を深く考えることに役立つからです。

民俗学や文化人類学であれば「人間の生活の本質は何か？」

哲学であれば「人間の存在や真理とは何か？」

といったように、それぞれに人間への深い探究がなされています。

私も美大生の頃、こういった学問に触れて大きな影響を受け、クリエイティブなマインドがつくられていったと実感しています。

**優れたデザイナーは、こういった学問を通して、「人間とは何か?」「人間はどう生きるべきか?」というような問いに常に向き合っています。**

そうすることで、人間への理解が深くなり、人間のためのより良い社会実践を考えられるようになるのです。

## 持続可能性を考える

持続可能性を考えることも、人間中心に考えるための大事なポイントです。持続可能性を考えるとは、環境や社会、経済などが、将来にわたって機能できるよう、考えるということです。

持続可能性について考えることを重視するデザイナーは多くいますが、60年代に活躍し「現代のレオナルド・ダ・ヴィンチ」と呼ばれた、デザイナーのバックミンスター・フラーもその一人です。

彼は、大量生産によって起こる害に注目しました。

大量生産は、過剰に資源を消費し環境の破壊に繋がります。

環境の破壊は、人間社会の崩壊にも繋がります。

そんな過剰な消費を抑える社会をつくることが大事だと考えたのです。


そのため彼は、効率的で耐久性に優れた、ドーム型の建築を生み出しました。

それが、彼の代名詞とも言える、ジオデシック・ドームです。

ジオデシック・ドームは、三角形の構造を上手く使った建築です。

三角形を使うことで、最小限の部材で、大きな空間をつくることに成功しました。

少ない資源で最大の効果を生むことで、環境への負担を減らし、持続可能な人間社会を実現することへの、一つの解を導き出したのです。

このジオデシック・ドームは、モントリオール万国博覧会のアメリカ館や、かつて富士山頂に設置されたレーダードームでも利用されました。

バックミンスター・フラーが生み出した
三角形の構造を使った「ジオデシック・ドーム」

## 社会の仕組みを考える

60年代頃、デザインの世界では、「ソーシャルデザイン」という考え方が広がりました。

**モノだけでなく、どういう社会をつくるのか?を考え、仕組みや制度、インフラの整備など、社会のあり方全体をデザインするという考え方です。**

**このように、社会全体のあり方を考えることも、人間中心に考えるために大事なことです。**

この分野では、現在でもたくさんの興味深い試みがあります。

たとえば、英国の大手スーパーマーケットWaitroseが始めた「スローショッピング」。

これは、高齢者や障がい者、認知症などのハンディキャップのある人に「ゆっくり買い物を楽しんでもらう」ためのサービスです。

ハンディキャップのある人は、自分で好きな商品を探すことが難しく、サポートを必要とする場合があります。

また、音に敏感だったり、体が疲れやすかったりする場合もあります。

そこで、Waitroseでは、毎週曜日を決めて、午前10時の開店から正午までの2時間を、スローショッピングの時間としました。

その時間帯は、通常とは異なる仕組みを取り入れたのです。

たとえば、スタッフは常に客にアイコンタクトを送り、助けを求める様子があれば、サポートに入る。

ＢＧＭを流したり館内放送を行ったりせず、また、レジの音も最小限にすることで、音の少ない環境をつくる。

店内に、自由に休むことができる椅子を配置する、などといった工夫です。

少しの工夫やサポートで、普段、買い物のしづらさを感じている人が、穏やかに買い物ができるよう、場をつくり変えたのです。

この取り組みにより、来客数が増え、売り上げは10パーセントほどアップしました。

また、従業員も感謝されることを実感して、仕事のやりがいに繋がっています。

社会のあり方を考え、仕組みを変えることで、人間を大事にする環境づくりに成功した良い例です。

現在スローショッピングは、英国を中心に、世界の大手小売店、公共施設などに広がっています。

## 多様な生き方を実現する

70年代、80年代には、バリアフリーや、ユニバーサルデザインいう考え方が広まりました。

**これは、性別や年齢、身体的な制限、能力の違いなどに影響されず、多くの人が利**

**用しやすいデザインをつくろうという考え方です。**

たとえば、トイレのマークや、非常口を示すマークで用いられるピクトグラムもその一例です。

ピクトグラムとは、「絵文字」や「絵単語」を意味する図形記号のことです。言葉を使わずに意味を伝えることで、国を越えて、さまざまな人に理解しやすくなります。

このように、どんな人でも理解しやすい伝え方をつくることで、暮らしやすい社会をつくることが目指されたのです。

他にも、さまざまな生活用具や、公共施設などで、多くの人が利用しやすくなるためのデザインがつくられました。

また、その後、さらに一歩進み、インクルーシブデザインという考え方も登場しました。

非常口を示すピクトグラム

by alerante, CC BY-SA 3.0

**これは、多様なユーザーを企画・開発の初期から巻き込んで、誰もが使いやすいデザインを、一緒に考えていくという取り組みです。**

そうすることで、これまで取り残されていた、さまざまな考え方や、背景を持つ人々にも暮らしやすい社会をつくっていくことを目指しました。

この考え方により発想されたものに、多様な肌色の絆創膏があります。

これまで絆創膏を貼ると、目立ってしまっていた、というユーザーの声を反映させ、多様な肌に対応した、肌色のカラーバリエーションをつくったのです。

このように、多様な生き方を大事にし、一人一人がその人らしく生きていける社会をつくることを目指すデザインの試みは、今も続けられています。

## 新たな問いを探し続ける

このようにデザイナーたちは、人間に寄り添った発想をするために、さまざまな角度から考え、実践をしてきました。

人間中心に考えること＝ユーザー中心に考えることだと、小さく捉えてしまっている人もいます。

しかし、人間を考えるというのは、ユーザーを考えるということだけにとどまるものではありません。

**人間を取り巻く社会、環境、未来において「よりよい姿とは何か？」を問うことで、初めて深く人間を考えることができるのです。**

**そして、「新たに考えるべきことはないか？」と問い続け、それぞれの時代の中で、常に考えを更新し続けることも大切です。**

このように考えることで、真に人間にとっての最大の幸福を目指すことが、優れたデザイナーの志なのです。

もちろん、人間について考えることは、デザイン以外の、他の領域でもある程度行われているでしょう。

しかし、ここまで徹底的に人間に寄り添うことにこだわり、かつ、社会の中で実践の歴史を積み重ねてきたのはデザイナーだけです。

これが、人間中心に考えるデザイナーの姿であり、私たちが見習いたい重要なデザイナーの能力です。

デザインがわかる人になるためのコツ

## 14

## デザイナーは、人間に寄り添った発想をするために問い続ける。

**人間**を取り巻く世界、環境、未来を
広い視野で考える

# 15 デザインを経営に活かす方法

## 経営にデザインの視点を取り入れる

さて、ここまでデザインの役割や強みについて整理しお伝えしてきましたが、いかがでしたでしょうか。

「デザインにはこんな特徴があるのか」と気づきを得たり、「たしかにデザインってそういうものだな」と認識を整理したりしていただけたなら、嬉しく思います。

では次に、デザインをビジネスに活かしたいと思っている方のために、これらをどう活かせば、デザイン力を活かしたビジネスとなるのかを、簡単に整理しておきましょう。

**まず結論を申し上げると、これらのデザインの3つの力を、ビジネスのあらゆるフェーズで活かしていくこと。**

**それが、ビジネスにデザインを取り入れるということです。**

**モノづくりだけでなく、サービスをつくる時や、経営戦略やビジョンを考える時など、あらゆるフェーズで、「視覚から情報を伝える」「感性的価値をつくる」「人間中心で考える」という視点を、取り入れていくということです。**

これらのデザインの強みを、マネジメントやエンジニアリングなど、その他の分野の強みとしっかりつなぎ合わせながら使っていくことで、デザインの力を活かしたビジネスに変えていくことができます。

## 川上から3つの力を意識する

モノづくりをする時に、これらの力を取り入れることは、比較的想像しやすいかもしれません。

**しかし、かたちのない、サービスや戦略、ビジョンを考えていく時にこそ、実はこれらの力が重要です。**

**なぜなら、川上で検討していないことを、川下になってから付け足すことはできないからです。**

つまり、最終的にアウトプットをつくる、モノづくりの段階になってから、これらを考え始めるのでは遅いということです。

デザインの力をビジネスに取り入れたいならば、最上流から、デザインの視点を取り入れていく必要があります。

たとえば、サービスをつくる時は、そのサービスを受けた人が、どんな感性的価値を受け取るのか?を考えるようにする。

そのサービスは、ちゃんと人間中心に検討できているか?を考える。

経営戦略やビジョンを検討する時には、その経営戦略やビジョンの先に、顧客の感性的価値の向上が見込めるか?を考える。

その戦略やビジョンは、人間を中心に置いた発想になっているか?を考える、というようなことです。

そして、やや難易度が高いですが、サービス、戦略、ビジョンなどを考える時に、最終的に顧客にそれらが届く時の、視覚の情報をイメージしてみてください。

その方向性に進んだ場合、最後には、どんな視覚の情報やモノ、空間などとして、顧客の手元に届きそうか? そのイメージを、ぼんやりとでも持ちながら、上流の考察に活かせたとしたら、より素晴らしいデザイン経営の実践となるでしょう。

もちろん他にも、デザインの力が役に立つシーンは多くありますが、大きくは、これら3つの力を取り入れることで、デザイン経営の大筋は達成することができます。

## デザインという言葉を整理する

近年「○○デザイン」という呼び名が増えています。

企業でも世間でも、そういった名称が多く使われている状況があり、混乱している方もいると思います。

なので、最後にその点についても整理しておきたいと思います。

「○○デザイン」という名称には、たとえば組織デザイン、ビジネスデザイン、ライフスタイルデザインなどがあります。

本来、デザインという言葉は、単に「設計する」といった意味もあります。

ですから、「○○デザイン」という名称をつけているものの中には、特に深い意味はなく、「設計」と言うべきところを、なんとなく、かっこよく外来語で言い換えただけ、というようなケースも多くあります。

もちろん、本来の言葉の意味から考えると、間違った使い方というわけではありません。

しかし、ここまでみなさんと整理してきた、デザイン能力を持った上で行われているデザインと、それら名称のみを使っているデザインとを同列で考えると、混乱してしまうので注意が必要です。

ただ、デザインの３つの力を活かそうと実践すれば、どんなものでもデザインと名付けるにふさわしいとも言えます。

デザインという名称をつけるならば、ぜひこれら３つの力を意識して、実践することを目指してみてください。

デザインがわかる人になるためのコツ

15

最上流からデザインの視点を取り入れることでデザイン経営企業を目指そう。

# 16 デザイン判断できるクリエイティブリーダーを目指す

## リーダーとしてデザイン判断者になる

本章の最後は、デザインの力を活かすために、ビジネスパーソンのみなさんがどんな役割を担うことができるか?というお話をしたいと思います。

デザインの力や、デザインを経営に活かす方法について聞いてみて、みなさんはどんなことを思ったでしょうか?

「デザインはやはり魅力があってワクワクする」と感じていただいた方もいるかもしれませんし、

「これを実際に実行するのはなかなか難易度が高いな」と思った方もいたかもしれません。

しかし、ご安心ください。

当然ですが、これらのデザイン経営の実践を、全て一人で実行する必要はないのです。

**デザイン経営は、デザイナーと、それを判断するリーダーの二者が、二人三脚で進めていけば良いのです。**

つまり、自分自身が発想したり、実際にアウトプットをつくったりするデザイナーになるのではなく、それらの技術力・発想力をすでに持ったデザイナーとチームを組めば良いということです。

つまり、ビジネスリーダーは、デザインを判断できるレベルの基礎力を身につければ良いということです。

## 「デザイン判断力」とは何か？

私が、ビジネスパーソンのみなさんに、目指すべき役割として提案したいのは、この二人三脚を進めるための「デザイン判断できるクリエイティブリーダーになる」ことです。

それは、どのような能力を持っている人のことでしょうか？

クリエイティブリーダーに身につけて欲しい能力は、大きくこの3つです。

・どこでデザインを使うかを決める力
・デザイナーに相談し、議論しながらアウトプットを判断する力
・適切なデザイナーを選ぶ力

まず一つ目の、「どこでデザインを使うかを決める力」。

これは、本書を読んでいただいたみなさんには、決めるための基準をある程度知っていただけたのではないかと思います。

ここまで、デザインには「視覚から情報を伝える」「感性的価値をつくる」「人間中心で考える」という、大きく3つの役割があることをお伝えしました。

また、それらはどんな使い方ができ、どんな効果があるものなのかの概要をお伝えしました。

本書で知ったことを参考にしていただきながら、それぞれの現場に合わせて、経営のどのフェーズで、デザインを使うかを検討してみてください。

もちろん、どこでデザインを使うかを決めるところから、経営の視座で相談にのってくれるデザイナーもいますので、そういったデザイナーに相談するのも良いでしょう。

次に、二つ目の、「デザイナーに相談し、議論しながらアウトプットを判断する力」。

これは、デザイナー以外の専門的なメンバーとの付き合い方と、基本的に同じだと考えていただければいいと思います。

ビジネスを実行するチームには通常、企画、製造、マーケティング、営業など、それぞれ専門性を持ったメンバーがいます。

優れたビジネスリーダーは、そういったチームを率いるために、専門性を持つセールスパーソンやマーケターに相談したり、対等に議論したり、そのアウトプットを判断したりすることができるでしょう。

また、そのために必要となる各分野の基礎知識をもっているはずです。

デザイナーとも、同様の関わり方ができるようになればよいということです。

本を読んだり、講座に参加したりして、デザインについても基礎知識を学んでみましょう。本書での学びもその一つとなるでしょう。

基礎知識を得ることで、デザイナーに相談し、議論しながらアウトプットを判断するということも、徐々にできるようになってくるはずです。

そして、三つ目の、「適切なデザイナーを選ぶ力」。

これは、二つ目とおおよそ同じです。

ビジネスをチームで実行するには「誰を採用するか?」が非常に重要です。

プロジェクトに合った優秀なメンバーを選ぶ力が必要です。

デザインにおいても、それができるようになろうということです。

そのためには、まず採用する側が仕事の内容を理解し、どんな人物ならばその仕事をこなせるのかをわかる必要があります。

また、その人物がどのレベルで仕事ができるのか、どんなタイプの仕事が得意なのかを判断する必要もあるでしょう。

そういった判断をするためには、やはりその分野の基礎知識を持っておくことが重要です。

基礎知識を得ることで、良し悪しの基準を身につけましょう。

## 判断者は希少人材

実は、こういった判断力ある人材は、ビジネスシーンで多数必要であるにもかかわらず、実際にはほとんどいません。

つまり、多く席がある上に、希少価値人材となれる、とても魅力的なポジションだということです。

このポジションには、あらゆる企業で、かなり多くの椅子があります。

たとえば、ウェブサイトやパッケージ、名刺、冊子などのデザイン判断をしなければならない責任者。

デザイナーと協業しながら、ものづくりやサービスづくりをする企画・開発者。

デザイン人材を採用したり、デザイン研修を企画したりしなければならない人事担当者。

戦略やビジョンを打ち出していかなければならないマネジメント層、経営者。

他にも、さまざまなポジションでデザイン判断力は必要です。

それにもかかわらず、この役割を高いレベルでこなせる人は、ほとんどの企業で存在しません。

実質的には、空席になっています。

つまり、ほとんどの企業で、実際にはデザイン判断力が必要なはずのポジションに、現在は判断力がない人が座っているということです。

そのため、多くの企業で、デザイナーとデザイン判断者の二者で回すはずの両輪の片側が欠け、上手く駆動できない状態になっています。

デザインの価値がわからない。

デザインをどこでどう使えばよいかわからない。

デザイナーを起用したいが、どのデザイナーが良いかわからない。

デザイナーと共通言語をもって議論できない。

デザインの良し悪しを判断できない。

そのような状況は、あらゆる企業で課題となっています。

これでは、良いデザイン経営ができるはずがありません。

優れたデザインを組織で実行していくには、デザインを判断できるクリエイティブリーダーの存在が必要不可欠なのです。

このポジションを目指すことは、みなさんのキャリアにとっても、大きなプラスとなるはずです。

## スティーブ・ジョブズも優秀な「デザイン判断者」だった

アップルの創業者である、スティーブ・ジョブズも、優れたデザイン判断者の一人でした。

彼の場合は、ビジョンを自らデザインしているという点では、デザイナーでもあります。

一方で、ジョブズは、製品づくりについてはデザイナーを選び、任せ、判断していました。

プロジェクトの方針に合った、最適なデザイナーであるジョナサン・アイブを選ぶ。

アイブに相談しながら、対等に議論し、任せる。

アイブが出すアイデアの良し悪しを判断する。

まさに、優れたクリエイティブリーダーとして機能していたのです。

このようなジョブズのデザイン判断力が、アップルの成功に大きく寄与していたことは間違いありません。

デザインには力があります。

しかし、それはリーダーが活かしてこそ発揮されるものです。

あなたもぜひ、ジョブズのような「デザイン判断できるクリエイティブリーダー」

を目指してください。

デザインが
わかる人になる
ためのコツ

16

## デザイン判断できるクリエイティブリーダーがいれば企業のデザイン実践は大きく変わる。

# 第3章

# デザイン力を磨く新習慣

## 17

# 「美は細部に宿る」をマインドに叩き込む

### 建築の巨匠ミース・ファン・デル・ローエの言葉

第3章では、これからデザインを身につけていきたい方のために、みなさんに日々実践してもらえるデザイン力を磨く新習慣について、お伝えしたいと思います。

さて、「美は細部に宿る」という言葉をみなさんはご存知でしょうか?
これは、近代建築の巨匠であるミース・ファン・デル・ローエの言葉です。
素晴らしい作品や良い仕事は、細かいところをきちんと仕上げていて、こだわったディテールこそがその本質を決定する。

細かい部分まで、どこまで徹底してこだわれるかで成功するかしないかが決まる、というような意味を持つ言葉です。

この言葉を、これからデザインがわかる人になりたい、と思っているみなさんにもぜひ、マインドに入れておいて欲しいのです。

## デザインは想像以上の解像度で考えられている

デザインは多くの人が想像するよりも、もっとずっと、細やかな視点でつくられています。

そして、その細やかな視点が集積した結果、圧倒的に素敵なデザインができあがるのです。

私は、美術大学に入学して、最初に取り組んだ課題で、それを知りました。

私が最初に取り組んだ課題は、10文字ほどのローマ字の言葉の、1字ずつの字の間の距離を調整するという課題でした。

印刷された言葉を、1文字ずつカッターで切り抜き、裏に貼って剥がせるのりをつけました。

そして、ピンセットで文字を持ちながら、一つ一つ手で並べていくのです。

どれくらいの空き具合にすれば読みやすいか、見えやすいか、美しいか、その言葉で持たせたいイメージが伝わるか。

そんなことを考えながら、ミリ単位で調整していきます。

この課題の難しい点は、定規で測って、全て同じ幅にすればいいというわけではないことです。

実は、文字は、定規で測って同じ幅にしても、目で見た時に、1字1字の間がばらついて見えるのです。

なぜなら、文字は、それぞれかたちが違うからです。

「H」「Q」のように四角形に近い文字、「Y」や「L」のように三角形に近い文字など、それぞれかたちが違います。

四角形に近い文字は、全体が横に迫り出しているので、他の文字と並べた時、字と字の隙間が狭く見える。

三角形に近い文字は、へこんでいる箇所があるので、他の文字と並べた時、字と字の隙間が広く見えるのです。

なので、定規で測って、文字の端から何ミリで統一する、と決めて隙間をとったとしても、実は等間隔には見えないのです。

デザインでロゴなどをつくる時は、等間隔に感じるよう、数値だけではなく、人間の目で見ながらミリ単位で動かして調整します。

デザイナーは、日常的にこういった作業を行っています。

## 細部の違いが、実は大きな違い

デザイナーの「美は細部に宿る」の視点を知っていただくために、字間を例にお話をしてみました。

いかがでしょうか。

「思ったよりも、ずいぶん細やかな作業をしているんだなぁ」と驚いた方もいるかもしれません。

デザインがわかる人になるためには、こういった細部の違いが、実は大きな違いである、ということを知っておくことが大事です。

もちろん、デザイナーがこのように細部に意識を持ち調整するのは、文字だけではありません。

こういったレベルで、デザイナーはあらゆるデザインをコントロールしています。

そんな作業を積み重ねることで、美しさや、快適さ、使いやすさ、わかりやすさが備わったデザインが誕生していくのです。

みなさんも、デザイナーと同じ細部への視野とマインドを持つことで、デザイン力を磨くスタートラインに立ちましょう。

デザインがわかる人になるためのコツ

17

## デザインがわかる人は細部にこだわる視点を持っている。

18

# 知識のインプットでデザイン力は伸びる

## 一定のインプットが大事

デザイン力を磨くためには、知識をインプットすることも大切です。

デザインも、他の分野と同様に、知識を身につけることによって、能力を伸ばすことができる分野です。

たとえば、私のスクールでは、視覚から情報を伝える力を磨くために、色・かたちの知識を伝えています。

第1章で、デザインの色・かたちの意味は外国語のように学ぶのが良い、とお伝えしました。

それぞれの色・かたちに対応する意味を、外国語のように知識として知っていくことで、デザインを扱う力を磨くことができます。

たとえば、黄色にはこんな印象がある。緑色にはこんな印象がある。

太い文字か細い文字かで、こんな印象の違いがある。

そういったことを一つ一つ知ることで、色・かたちには、それぞれ対応する意味があるということが具体的にわかるようになります。

色・かたちに、一定のロジックがあることもわかるようになるのです。

こういった知識を身につけることで、デザインを判断するための基準が身につきます。

判断軸が身につくことで、現場でデザイン案を判断する時や、自分が資料をつくる時などに、この色がいい、この文字がいい、と選ぶことができるようになっていきます。


また、感性的価値を発想するデザイン力を鍛える場合も同様です。

そもそも、どんな感性的価値が存在するのか？

どんな要素で、人は美を感じるのか？

人はどんな体験で、情緒的な喜びを感じるのか？

まずは、そういったことを一つ一つ知ることが大切です。

なぜなら、知りもしないことが、急に自分からアイデアとして出てくることはないからです。

まずは、知識としてインプットし、自分の中に蓄積していく。

そういった蓄積があるからこそ、いざアイデア発想を求められた時に、

「あの時知った、こういう喜び方を顧客は求めているのではないか」

「あそこでも使っていた、こんな方法で感性的魅力を生み出せるのではないか」と思いつくことができたり、その良し悪しを判断できたりするのです。

## デザインを分析的に見る

インプットをケーススタディ型で得ていくことも、とても効果的です。優れた事例を見て、なぜ優れているのかを学び、参考にするということです。私のデザインクラスも、基本的にケーススタディ型で進めています。

特に初学者は、まず事例から学び、デザインに触れる経験を得たり、良いものの基準を知ったりすることが大事だからです。

デザインは、私たちの身の回りにたくさんありますから、ケーススタディは、日常の中でも行うことができます。

街を歩いている時、買い物をしている時、食事をしているレストランの中、ふと手に取った商品など、あらゆる場所でデザインを見ることができます。

それらを見るだけでも、デザインをインプットすることは可能です。

しかし、そういったものに触れる時、単に見るだけでは意味がありません。分析的に見る姿勢があってこそ、意味のあるインプットになります。

デザインが苦手な人は、デザインを見る時、「なんとなく漠然と見てしまう」という癖がある人が多くいます。

なんとなくぼんやり全体を見て、「なんかいいな」「なんかよくないな」と思うだけの状態でいるということです。

しかしこれでは、そのデザインから学べることはほとんどなく、デザイン力は伸びません。

第1章でもお伝えしたように、見てインプットするというのは、単に目の網膜に像が映る状態にすればよい、というわけではないのです。

**デザインができる人は、素敵なデザインに出会うと、必ず分析的に見ます。**

「このデザインは、青と黄色が組み合わせで使われているから、明るく楽しい雰囲気に見えるんだな」

「この空間が素敵なのは、自然な風合いの木のテーブルと、椅子が置いてあるからだな」

といったように、具体的な要素を見て、分析的に確認するのです。

そうすることで、「何がよかったのか」「どうよかったのか」「なぜよかったのか」が理解され、身になるインプットになるのです。

まずは目に見える要素を、

「どんな色かな?」

「どんなかたちかな?」

と観察する。

そしてそこで観察できた要素について、それぞれどんな印象や機能があるかを見ていってください。

そうすることで、冷静に丁寧に一つずつ、要素を見て理解していく、ということがしやすくなります。

自然と分析的にデザインを見ることができ、質の良い考察やインプットができるようになるはずです。

デザインがわかる人になるためのコツ

18

**デザインを見る時は、どこがどう良いかを、分析的に見よう。**

# 知識のインプットでデザイン力を伸ばす

## 19

# 真似こそがセンス磨きの一歩目

### 「独自性」は実践レベルになってから

デザイン力を磨くためには、「真似る」ということも効果的です。

たとえば、上手いなと思うデザインを見て、真似ながら、同じようにつくる練習をしてみるということです。

もちろん、クリエイティブなことは、独自性が大切です。

実践レベルになれば、何かを真似るということではなく、目的に合わせ、独自に考えていく必要があります。

しかし、それは実践レベルの話であって、学び途中の初心者とは違う土俵の話です。

何も知らない最初から、独自性を目指すのは、時期尚早です。

**初心者は、まずは、上手にできているものを真似てみましょう。**

**そして、その手法や感覚を、自分に刷り込むことからスタートしてください。**

そうやって、真似を繰り返しているうちに、

「こんな使い方もあったのか」

「こんな魅力のつくり方もあるのか」

と、技が身についてきます。

真似しているうちに、自然と技のバリエーションが増えていくのです。

真似は、初心者のセンス磨きには、とても効果的です。

## 守破離はデザインでも大事

「守破離」という言葉を聞いたことがある方は多いかもしれません。
これは、茶道や剣道などの「武道」「芸道」を学ぶ姿勢として、よく用いられる考え方です。

「守」は、型を学び、徹底的に守る段階。
「破」は、学びの範囲を広げ、型を破る段階。
「離」は、新たな考えを持ち、自ら創造する段階。

このように、段階的に学び進めていくのです。
初心者がデザインを学ぶ上でも、こういった守破離の流れで捉えることは有効です。
まずは、基本の型や技を身につける、つまり真似からスタートするということ。
そして、次に応用的な方法や、異なるやり方にも目を向けてみる。
最後に、独自で新しいものを生み出す力を持つ。

もちろん最終的に目指すのは、独自で新しいものを生み出す「離」の状態です。
いざ、実践の現場になった時に、この「離」の状態になればよい。
その時に、自分らしい独自性が発揮できればよいのです。
そこに到達するためには、最初から独自性ばかりに固執しては到達できません。
まずは「守」からスタートすることで、順調に成長できるのです。

デザインがわかる人になるためのコツ

**19**

**まずは真似することで学んでいこう**
**独自性は、実践レベルになってからでいい。**

# 20 デザイナーとの会話で気をつけるべき3つのポイント

## 発注・判断のコミュニケーションとは

みなさんが、デザイン力を磨き、成果を出していくためには、デザイナーと協業する時の、コミュニケーション術もとても重要です。

デザイナーに発注して判断をする時、みなさんはどんな会話をしていますか？

「なんとなくいい感じにしてください」

「これみたいな感じにして欲しいんですよ」

「シンプルな感じでお願いします」

「ちゃちゃっと、ここだけ直してもらえればいいんで」

こんな会話をしてはいないでしょうか？

これはどれもＮＧな会話です。

では、どんなコミュニケーションをすれば良いのでしょうか。

## まずは目的から話すべし

デザイナーと協業する時に、まずどんな話からスタートするべきか。

それは、「目的」を伝えることです。

デザイン発注が下手な人は、すぐに参考となる別のデザインや、下書きのラフ案、指示書などを見せて、

「こういうものをつくりたいと思っている」

とダイレクトに、具体的に伝えてしまいます。

しかしこれは、あまりおすすめしません。

なぜなら、そうやって最初に具体的に打ち手を絞ってしまうと、デザイナーの力を発揮してもらいづらいからです。

あなたは、目的に対して、その一つの打ち手しか思いつかなかったとしても、プロは「その目的ならこういう手もありますよ」と、もっと質の高い選択肢を知っている可能性があります。

なのに、最初から一つの打ち手に絞り込んで伝えてしまったら、せっかくプロの能力を借りて生まれるはずの、よりよい選択肢を手に入れるチャンスを逃してしまいます。

プロの側も、

「もっといい選択肢があるのに、この人は最初から決めてかかっているから、言っても無駄だろうな」

などと考えてしまい、積極的によくしてあげよう、という意欲が減退してしまいます。

それでは、残念な結果になってしまいますよね。

これは、他の専門的な領域について、みなさんが挑む時と同様です。

たとえば、みなさんが筋トレをはじめようと思い立ったとします。

「最近、お腹が出てきたから気になるなぁ」などと考え、トレーナーに「腹筋のトレーニングを教えてください」とお願いしたとします。

これが打ち手を一つに絞っている状況です。

自分としては、お腹が出ている＝腹筋が足りないからだ、としか思いつかなかったかも知れません。

しかし実は、トレーナーの側から見れば、

「この人のお腹が出ている大きな原因は姿勢の悪さだ」と判断する場合もあります。

そうなれば、鍛えるのは、綺麗な姿勢を保つための筋肉です。

もちろん腹筋もその一つですが、同時に背筋のトレーニングも必要かもしれません。他にも、姿勢を悪くする原因をつくっている、腿やお尻の筋肉の硬さを和らげるストレッチなどを行っていく場合もあるかもしれません。

そのように、プロの視点から見れば、効果を出すための打ち手が違ったりするのです。

**ですから、デザインを頼む時は、まずは、具体的な打ち手の話は避け、目的から伝えましょう。**

**そしてデザイナーにも、あなたと同じ視点に立ってもらい、一緒に打ち手を考えてもらいましょう。**

**それがデザイナーの力を最大限に活かす、最初のコツです。**

目的を伝える時は、5W1Hや、ビジネスでよく使うフレームワークである3Cや4Pなどの中から、必要そうなことを話すとよいでしょう。

**5W1H**

When　いつ　例：いつ使う商品なのか？
Where　どこで　例：どこで使われる商品なのか？
Who　誰が　例：誰が使う商品なのか？
What　何を　例：何ができる商品なのか？
Why　なぜ　例：なぜ必要な商品なのか？
How　どのように　例：どのように使う商品なのか？

**3C**

Customer　市場・顧客　例：どんな市場環境や、顧客層が存在するのか？
Competitor　競合　例：市場にはどんな競合商品があるか？
Company　自社　例：市場の中での自社の特徴や強みは何か？

**4P**

Product　製品　例：製品の特徴はどんなものか？

Price　価格　例：価格はどうするのか？
Place　流通　例：どのように流通させるのか？
Promotion　プロモーション　例：どのような広報戦略で進めるのか？

他にも、自社にはこんな目標がある、こんな会社になりたい、というようなビジョン・ミッションなどを共有してもよいかもしれません。

こんな風に、まずは、「どんな目的があるのか」を伝えましょう。

優秀なデザイナーならば、あなたと同じ視点に立って、一緒に可能性を検討してくれるはずです。

案件にもよりますが、これらの中でも、特に顧客の具体的なイメージについて、一番ボリュームを割いて、しっかり伝えることがおすすめです。

第2章でもお伝えしましたが、デザインは人間中心に考えるために、「ユーザーにとっての喜びは何か？」を大事にしながら発想するという特徴があるからです。

「どんな生活を送るユーザーなのか」「どんなものを好むユーザーなのか」「どんな価値観を持つユーザーなのか」できるだけ具体的に詳細に伝えることで、デザイナーも、どういう案が良いか考えやすくなるはずです。

## 事例を示す時の注意点

「そうはいっても、やはり具体的な参考事例を見せたいのだけど、それはダメですか?」

まずは目的を伝えるのが大事とお伝えすると、次に多くの方に聞かれる質問です。

もちろん、ダメではありません。

そもそも、具体的なビジュアルを介しながら、議論するのは良いことです。

具体的なビジュアルを介して、互いの認識をすり合わせた方が、わかりやすく明確な場合も多いからです。

言葉で上手く伝えられなかった細かな部分が伝わる。

デザイナーに制作してもらう前に、参考事例を通して議論しておくことで、方向性がより明確になり、度重なる修正を避けやすくなる。

参考事例を見ながら議論しているうちに、自分では気づいていなかった、よりよい可能性に気づかされ、いい方針転換ができる、など。

参考事例を見せることは、発注者にとってもデザイナーにとっても本来プラスなのです。

ただ、事例の示し方によっては、大きな誤解を生んでしまうことがあります。

また、場合によっては、デザイナーの意欲を減退させ、成果の質を下げてしまうこともあります。

ですから、もし参考事例を見せる場合には、これからお伝えすることに注意しながら進めてみてください。

参考事例を示す時に、みなさんに注意して欲しいポイントは、**一つだけ参考事例を見せて、「これみたいにして」と言うのはNG。目的を伝えた上で、「目的の共有をより明確化するための、あくまで参考である」と前置きしつつ、複数の参考事例を見せるのはOKということです。**

一つだけ参考事例を見せることは、何がダメなのでしょうか?

もちろん、言い方次第で、上手く意図が伝わることもありますが、一つだけ参考事例を見せて、「これみたいにして」と伝えると、デザイナーの側は「これを真似て」と言われていると感じてしまう場合があります。

もしくは、最初から打ち手が決まっているように聞こえ、「目的に沿った柔軟な検討がしづらい」と感じさせてしまう場合もあります。

そう伝わってしまうと誤解が生じてしまうので、できれば避けたいのです。

そもそも、デザインには、著作権や意匠権などの問題が関わってきます。

ビジネスで使う場合、完全な真似やコピーというようなことは当然できません。

また、優れたデザイナーであれば、他とは差別化された、今回だけの独自の個性をつくろうという意気込みを持ってくれているものです。

なのに、最初から「真似してください」「この打ち手にしてください」と聞こえることを言われたらどうでしょうか。

この案件を最善のものにしよう、という気持ちが減ってしまうかもしれませんよね。できれば、あらぬ誤解は避けたいものです。

では一方で、目的を伝えた上で、「目的の共有をより明確化するための、あくまで参考である」と前置きしつつ、複数の参考事例を見せる、というのはなぜOKなのでしょうか。

それは、このように伝え、複数事例を見せた場合は、真似をすることではなく、議論を円滑化することが目的であることが、はっきり伝わるからです。

まず、

「目的の共有をより明確化するための、あくまで参考として事例を見せたい」

と、はっきりと言葉に出して伝えましょう。

そうでないと、やはり真似して欲しい意図がある、と誤解されることもあるからです。

さらに、

「真似してほしいわけではなく、参考にしながら一緒に考えたい」

などと伝えると、より良いかもしれません。

そして、複数の事例を見せるのもポイントです。

一つの事例を共有して話すよりも、複数の事例を見せた方が、幅広に打ち手の可能性を検討していることが伝わります。

決め打ちの人ではない、ということが伝わりやすくなります。

また、一つの事例だと、事例の中のどの点をどのように良いと思っているのか案外伝わりづらいものです。

けれど複数の参考があれば、

「この事例のこの部分がイメージに近い」

「この事例のこの部分はこういう理由でいいなと思った」

「でもこの部分は違うと思った」

という風に伝えることができ、何をどういいと思っているのかの輪郭を、多角的に示すことができます。


参考にしたいポイントを、より正確に伝えることができるのです。

これが、複数の事例を共有して欲しい理由です。

また、事例を見せる時に同時に、

「自分で調べた範囲では、これくらいしかわからなかったので、デザイナーさんが、目的に合うもっと良い参考事例を知っていたら教えて欲しい」

と言葉を添えるのも、場合によってはおすすめです。

毎日デザインに触れているデザイナーと、そうでない人とでは、知っている事例の量が圧倒的に違います。

デザイナーの方がもっと豊富に、参考にすべき事例を知っている可能性が大きいのです。

そして、あなたが見つけたものよりも、もっと的確な事例を教えてくれるかもしれません。

相手に上手く頼ることで、相手の力を最大限引き出し、自分の成果に繋げていきましょう。

参考事例を共有する状況としては、他にこういうケースもあるかもしれません。

決して良い事例だと思っているわけではなく、あくまで業界の現状を知ってもらうために、参考までに競合事例などを見せただけ、というような場合です。

そんな時は、

「これらがいいと思っているわけではなく、業界の現状を知ってもらうためにお見せしているだけなので、これにしたいわけではないです。デザイナーさんの全く別の角度からのアイデアが欲しいです。」

などとはっきり伝えましょう。

そう伝えることで、デザイナーが

「こんな風にして欲しいのかな？」

と万が一にも誤解して、参考にしてしまうことを防ぐことができます。

あくまでも状況を理解してもらうためであり、アウトプットの方向性の指標ではないということを、言葉で丁寧に伝えましょう。

さて、ここまで、自分自身で参考事例を探せた場合を前提に、お話をしてきました。

しかし、もし自分自身で参考事例が用意できなければ、先ほども少しお伝えしたように、デザイナーにお願いして、一緒に探してもらうのもよいでしょう。

目的を共有した上で、

「本制作に入る前に、参考事例を通して、方向性をより丁寧にすり合わせたいのですが、私の方では事例が探せず、デザイナーさんにご協力いただくことはできますか？」

などと訊ねたり、事例を探すためのヒントを聞いてみましょう。

「本制作の段階に入った時、必要以上に修正を繰り返す負担をかけたくないから」などと、デザイナーの修正の労力を気遣う言葉などを添えると、なお良いかもしれません。

優秀なデザイナーは、快く受け止めてくれるはずです。

## 伝えるべき言葉・伝えるべきでない言葉

他にも、デザイナーに発注する時、多くの人がしてしまうよくある失敗があります。

それは、伝えるべき言葉を間違ってしまうということです。

発注の時の、言葉選びの注意点は大きく二つです。

1、漠然とした言葉遣いをしない
2、具体的すぎる指示をしない

ということです。

相反することのように聞こえてしまうかもしれませんが、これは、それぞれ違うシーンで重要となってきます。

まず、一つ目は、漠然とした言葉を使わない。

これは、デザイン発注をする時の、最初のオリエンテーションで主に気を付けて欲しいことです。

よくデザイン初心者はデザイン発注の時、こんな言葉を使ってしまいます。

「かっこいい感じがいいです」

「スタイリッシュな感じがいいです」

というような言葉です。

これは何がいけないのでしょうか？

これらの言葉だけでは、とても漠然としてしまうことが良くない点です。

たとえば、そもそも「かっこいい」という言葉が含む意味はとても広いものです。

かっこいいには、いろんなかっこいいがあります。

仮面ライダーのようなかっこよさもあれば、ラグジュアリーホテルのようなかっこよさもあります。

ストリート系のかっこよさもあれば、モード系のかっこよさもあります。

現代的なかっこよさもあれば、伝統的なかっこよさもあります。

そこには、たくさんのかっこいいが存在するのです。

あなたがラグジュアリーな高級ホテルのようなかっこよさを求めて「かっこいい感じ」と言ったとしても、相手は仮面ライダーのようなかっこよさを想像するかもしれません。

もう一段階、詳しく言葉で説明しなければ、認識がすれ違ってしまうのです。

ですから単に「かっこいい感じ」ではなく、「現代的なラグジュアリーホテルのようなかっこよさ」とか「ストリート系のちょっとヤンチャなかっこよさ」など、具体的に伝えなければなりません。

そうでないと、残念ながら、あなたのイメージは伝わらないのです。

漠然とした言葉を使って発注してしまうと、「あれ、こんなつもりじゃなかったんだけど」というような、全く違うアウトプットがデザイナーから上がってくることが、起きてしまいます。

アウトプットがあがってきた後に、あーでもないこーでもない、と始めても、もう時すでに遅しなのです。

**事前にイメージのすり合わせができるよう、漠然とした言葉ではなく、できるだけ詳細な解像度の高い言葉遣いを心がけましょう。**

言葉を選ぶことが難しいという方は、たとえば参考事例を集めて「こんな感じのかっこよさ」という風に、ビジュアルで具体的に説明するのもよいかもしれません。

次に、具体的すぎる指示をしない、というのはどういうシーンで重要となってくるのでしょうか。

これは、デザイナーから案があがってきた時です。

デザイナーのアウトプットを見て、

「ここの文字をもう少し太くして欲しい」

「ここの色を、この色に変えて欲しい」

と、具体的すぎる指示をするのは、基本的にNGということです。

こういう時、使って欲しい言葉は、

もし、もう少し目立たせたいと思ったならば、

「これが今回一番伝えたい情報なので、もう少し強く伝わるようにしたいのですが、どんな方法がありますか?」

もし、色が違うと思ったならば、

「目的とする印象にこの色が合っていない気がするのだけど、他にも候補はありますか?」

などの言葉で伝えてほしいのです。

これらの何が違うのでしょうか。

前者は、全体の計画に配慮がなく、目先のことだけに囚われた指示の言葉。

後者は、目的レベルに立った、視座の高い相談の言葉、という違いです。

前者の場合、たとえばあなたは、「目立たせたい」と思って、「文字を太く」と言ったかもしれません。

でも、実際には、目立たせるためには、文字を太くする以外にも、文字を大きくす

る、下線を引く、色を変える、配置を変える、他の部分を細く小さくするなど、たくさんの選択肢があります。

また、そもそもデザインは、色・文字・かたちのさまざまな要素を、組み合わせて、全体でバランスよくなるように考えながらつくっています。

ここが大きいから、こちらは小さく、ここがこの色だから、こちらはこの色に、というように、計画的に差をつけたり、バランスを取ったりすることで、全体を通して見やすく伝わりやすくなるよう設計しているのです。

一つの要素だけを、思いつきで変えてしまったら、全体のバランスが崩れてしまうこともしばしばです。

ですから、何かを変えたいと思った時、一部を指摘して「ここをこう変えてください」と具体的に言うことは基本的におすすめできないのです。

**何か違うと思うならば、この色やかたちを変えて欲しいと具体的すぎる指摘をするのではなく、**

**「この目的に合っていますか？」**

**「こういう目的が達成されていないかも」**

**と、目的を軸にしながら、話をしましょう。**

**そして、どこをどう変えたら、その目的が達成されるのか、デザイナーに相談してみましょう。**


そうすれば、デザイナーが全体のバランスも考慮しながら、部分的な目的も達成される選択肢を提案してくれるはずです。

デザインがわかる人になるためのコツ

20

## 常に目的に軸足を置きながら、デザイナーと会話しよう。

常に全体の**目的**を軸に伝える

# 21

# 「ヤバい」「すごい」「カワイイ」で終わらせるのはやめなさい

## 美術館でよく聞く「ヤバい」「すごい」「カワイイ」

「これヤバいね！」

「なんかすごい」

「カワイイ〜」

美術館でこんな会話をよく聞きます。

何かは感じているんだけど、上手く言葉にできない。

だから、簡単な言葉ですませてしまう。

美術館に限らず、いろんなシーンで、こんな言葉ですませている人は、多いかもしれません。

けれど、いつもこういった安易な言葉ばかりでは、デザイン力は伸びません。

## 日本は色を表す言葉がとても多い

人間は、言葉と共に世界への認識を深めてきました。

四季の変化が豊かな日本では、色を表す言葉が他の国に比べてとても多い、ということをみなさんはご存知でしょうか？

秋に色づく楓の葉のようなあざやかな赤は「紅葉色」。

萩の花のような紫がかった明るい赤は「萩色」。

春の紅梅の花の色のようなやや青みのある淡い赤は「紅梅色」。

など、赤色にまつわる名称の一部を挙げてみただけでも、深く細やかな世界への認識があることがわかります。

言葉の存在があることで、そこに情緒を感じる心があることが、くっきりと浮かび上がるのです。

他にも、雪が多く降る地域の人は、雪を表す言葉をたくさん知っています。

粉のようにさらさらとした細かい雪は「粉雪」。

ざらめ糖のように粒の粗い積雪は「粗目雪」。

牡丹の花びらのように大きなかたまりとなって降る雪は「牡丹雪」。

雪が降らない地域の人にとっては、ひとくくりに「雪」という名称で認識されてしまうものです。

しかし、言葉があることで、そこに差異があり、それぞれの雪に個別の特徴があることがわかってきます。

雪にも、さまざまな表情があり、情景があることに気づかされるのです。

**このように、言葉があることではじめて、それ自体が「存在する」ということがわ**

かるようになる。

語彙と、世界認識は繋がっているのです。

## 諦めず言葉にしたいと願う

ですから、みなさんにはぜひ、

「もう一歩、具体的な言葉で言い表せないか？」

ということにぜひチャレンジして欲しいのです。

ヤバい、ではなく、たとえば、

「これまで経験したことのない、迫力だったね」

「すごく洗練された美しさだね」

カワイイ、ではなく、たとえば、

「丸みが心地よくて、癒やされるね」

「小さくて、可憐な感じがするね」

というように、もう一歩先まで、言葉にしてみて欲しいのです。

日常で感じた、ちょっとした喜びについてや、旅先での感動についてなど、どんなことでもＯＫです。


「そんな言葉、すぐに出てくるようにはならないよ」と思うかもしれません。

でも「この感じた気持ちを言葉にしたい」と願い、どういう言葉がフィットするかと、諦めず考え続ければ、その時は思いつかなくても、そのうち何らかの言葉にたどり着くものです。

ふと、音楽の歌詞を聞いた時に、「あ、この言葉はあの時自分が感じた感情だ」と気づいたりする。

友達と話している時に聞いた言葉に「そうか、自分もこう言えばよかったかも」と気づいたりする。

「言えなかったけど、言い表したかったこと」に、こだわる気持ちがあれば、そんな風に、全く別のシーンで、あの時言いたかったけど、出てこなかった言葉に出会うこともあります。

そんなことを繰り返しているうちに、だんだんと使える言葉は増えていくものです。

**デザインは、とても解像度の高い、細やかな世界認識に基づいて存在しているものです。**

**ですから、こんな風に語彙を増やし、世界認識の解像度を上げていくことは、デザインへの解像度を上げていくことに直結します。**

「これはどんな感情だろう?」

「これはどんな印象だろう?」

と、日頃から言葉を細やかにし、世界認識を細やかにすることで、デザインの世界観に、一歩、また一歩と確実に近づいていくことができるのです。

デザインが
わかる人になる
ためのコツ

# 21

# 語彙を増やせば、世界への解像度は上がる。解像度の高さはデザイン力に繋がる。

語彙は世界への解像度と繋がっている

## 22

# 合理的かどうか？だけで判断してはダメ

### 合理ばかりではデザイン力は伸びない

新しい何かを選ぶ時、あなたは何を基準に選ぶでしょうか？

デザインセンスがない人に共通しているのは、合理的かどうかだけで、判断しがちだということです。

便利だから。

機能がいいから。

近いから。

安いから。

そういったことばかりで、ものごとを判断していませんか？

もちろん、それも大切な価値です。

しかし、それ「だけ」でものごとを選ぶことを続けていては、デザイン力は伸びません。

## 感性と合理のバランスが大事

すでにお伝えしたように、デザインというのは、感性的価値と合理的価値のバランスが適切に取れていることによって、良いものとなります。

もちろん完全に半々ということではなく、目的や場合によって、どちらかに比重が置かれているという場合はあるでしょう。

また、選ぶ人の嗜好や、こういう用途の製品ならこちら、というように、ケースバイケースの判断もあるでしょう。

**しかし、大事なのは、良いデザイナーは、いつも感性的価値と合理的価値のどちらも重要視しながら、考えているということです。**

どちらか一方を全く考えない、ということはありません。

ですから、デザイン力を磨きたいと思っているみなさんにも、ぜひこの考え方を真似て欲しいのです。

## 感性を大事にすればデザイン感度は上がる

たとえば、レストランを選ぶ時。

近いから、安いから、早いからという合理的な判断だけで考えない。

食べた自分の心が喜びを感じるかや、レストラン室内が心地の良い空間か、といった感性的な判断も大事にする。

キッチン雑貨や文房具といった日用品を選ぶ時。

機能がいいから、使いやすそうだから、というような合理的な観点だけで選ばない。好きな色なのか、美しいかたちをしているか、部屋のインテリアに馴染んで統一感が出るかなどの、感性的な観点も大事にする。

旅行先で、巡る場所を決める時。

近いから、順番が合理的だから、というような理由だけで考えない。ワクワクする自分がいるか、自分の心がときめきを感じるかで考えてみる。

そうであれば、多少合理的でなくても、無理をしてでも行ってみる。

そのように、合理的判断に加え、常に感性的な判断も大事にしながら、日々のさまざまな選択をするようにして欲しいのです。

感性的な判断を、日々大事にするだけで、デザイン感度は確実に上がっていきます。

デザインが
わかる人になる
ためのコツ

# 22

# 普段の生活の中でも、感性的価値を大事にする習慣を持つ。

# 感性的な判断も大事にする

23

# カルチャー雑誌を月に1回読む習慣をつくる

## 雑誌は感性的価値の教材

デザイン力は、日常で触れる情報でも、磨いていくことができます。

日々、仕事に追われている人は、触れる情報といえば、ビジネスニュースやビジネス本ばかりかもしれません。

仕事を頑張りたいビジネスパーソンであれば、仕方のないことかもしれません。

しかし、デザイン力を高めたいのであれば、ぜひ、もう少し視野を広げてみてください。

**デザイン力を高めるために、ぜひ触れて欲しい、私がおすすめする情報媒体は、カルチャー雑誌です。**

**なぜなら、カルチャー雑誌は、さまざまな感性的な喜び方を教えてくれる、素晴らしい教科書だからです。**

カルチャー雑誌のテーマは、インテリア、ファッション、食、休日の過ごし方、旅などさまざまです。

私たちにとって身近で、人生で最も重要ともいえる、衣食住や、余暇というシーンで、どんな感性的喜びがあるかを教えてくれます。

ゆったりとした休日をもたらしてくれる、朝食の楽しみ方。

アートを巡る旅で、美意識や五感を刺激する。

レトロなカフェで、懐かしさや温もりを感じる。

趣味のカメラで、自分のお気に入りの風景を見つける。

カルチャー雑誌は、そんな風に、どういうシーンで、どんな喜びを得られる可能性があるのかを教えてくれます。

自分では気づかなかった、さまざまな感性的価値や、五感の喜びに導き、また、どうすればそれが実現するのか、具体的に指南してくれます。

## 感性的価値をイメージする力が育つ

実際、美大にくる学生たちの多くは、カルチャー雑誌を読んでいます。

私も、高校生の頃、ＢＲＵＴＵＳやＰｅｎなどのカルチャー雑誌で、インテリアや旅の特集などを見ては、こんな素敵なことが存在するのか、と知って感性を育てました。

雑誌で見た、素敵な部屋を真似て、手探りのＤＩＹで、自作の飾り棚をつくったこともありました。

そして、大人になって一人暮らしをするようになったら、こんなデスク環境にしようとか、自炊するならこんなお皿が使いたいな、などと、未来の感性的喜びのイメージを持つようになりました。

カルチャー雑誌によって、さまざまな感性的価値を知り、イメージできるようになったのです。

今の時代であれば、ウェブマガジンを見たり、ＳＮＳで素敵なインフルエンサーを見つけても良いかもしれません。

そういったものに、一つ一つ出会い、知り、自ら楽しむことで、感性的価値を発想する力は磨かれていくのです。

デザインがわかる人になるためのコツ

## 23

## カルチャー雑誌で、感性的な喜び方を学ぼう。

24

# 衣食住へのこだわりが全ての基本

## センスがない人は生活の質が低い

センスがなくて悩んでいる人、デザインがわからないと困っている人には、衣食住をないがしろにしている人がよくいます。

服はとりあえず、着られればいい。部屋は、生活できればそれでいい。

そんな風に、自分の感性に喜びを与えることに妥協したり、無頓着だったりする人が多くいます。

センスがない人は、生活の質が低いのです。

## 生活へのこだわりを持て

カルチャー雑誌には、衣食住などの情報が多いとお伝えしましたが、私は、衣食住にこだわりを持たないデザイナーには、会ったことがありません。

**センスがいい人は、必ず衣食住にこだわりを持っています。**

**なぜなら、生活の場が、最も人間らしい感性を味わい、表現し、楽しみ、学ぶことができるフィールドだからです。**

感性的視点を大事にする人が、そういった場を大事にしないわけがありません。

そして、そのように生活の場で、日頃から感性を大事にしているからこそ、感性というものがよくわかるようになるのです。

感性とはどういうものかがよくわかるようになれば、感性的価値を提案したり、判断したりすることも自然とできるようになります。

## 感性的喜びとは何か？を腹落ちさせる

感性的価値を考えられる人になりたければ、まずは自分が感性的価値を楽しむ人になることです。

自分が体験したことのない価値、良さを知らない価値を、他の人に提供することはできないからです。

まずは自らが率先して楽しむことで、そこにどんな価値があるのかを腹落ちさせましょう。

感性的価値を楽しむために、生活の中でこんなことを大事にしてみてください。

・自分に似合う素敵で心地の良い服を見つける
・美しいと感じる文具や道具を使う
・居心地良い空間のカフェやレストランを見つける
・食事が楽しくなる、お気に入りの器やカトラリーを見つける

・家具の色やかたちの美しさにこだわる
・タオルやシーツは肌触りの良いものを選ぶ
・家に入ってくる太陽の光や風を感じる
・照明の色や明るさ・暗さを調整する
・家で、気分に合わせた心地の良い音楽をかけてみる
・使うものだけでなく、愛でるもの（置物や飾りなど）を家の中に置く
・植物や自然素材のものを住空間に取り入れる

こんな風に、ぜひ生活の中で感性的な喜びを増やしてみてください。
まずは自ら、感性的な喜びを体験し実感していきましょう。

## 仕事での発想力に大きな差が出る

生活という基本のフィールドには、ビジネスに繋がる要素がたくさんあります。

ですから、それらの感性的喜びを知っている人と、知らない人とでは、仕事の成果においても大きな差が出ます。

たとえば、新しい飲食店をつくる企画を考えるとなったとしましょう。

普段から食を楽しんでいる人ならば、こういう食べ物が今流行っているということを知っています。

このレストランに行った時、とてもいい空間だと感じたから、あんな風にすればいいかも、と思いつくことができます。

時には、レストランの新規開拓に失敗することもあるかもしれません。

けれど、そんな時にも、ここの店はこういう部分がよくなかった、だから、こういう風にはしない方がいいな、ということを知ることもできます。

普段から、食事を楽しんでいるからこそ、経験値が上がり、ネタの引き出しが増え、新しい飲食店の発想に繋がるのです。

また、新しい家電の企画を考える必要があったとしましょう。

普段から生活を楽しんでいる人であれば、さまざまな生活シーンをリアルに思い浮かべることができるので、実感のこもったアイデアが出てきます。

そういえば、朝にコーヒーとトーストをセットで食べることが、自分にとって充実の時間だな。

あの時間がもっと素敵になれば幸せだな。

それを実現できる製品づくりを考えてみよう、と思ったりする。

お風呂上がりに髪を乾かす時に、いつもドライヤーが重くて面倒な気持ちになってしまうことがある。

もっとなんとかならないかな。

それを解決する製品があれば売れるかも、と気づいたりする。

生活を豊かに楽しもうとしているからこそ、そういった気づきを得られるのです。
そして、それが発想の種になっていきます。

こういった小さなこと一つ一つを「なんでもいい、どうでもいい」と片付けてしまうのはもったいないことです。

生活に無頓着でいることは、喜びを感じるための感度を鈍らせてしまいます。
そうすると段々と、何にも気づけない人になっていってしまいます。

**自分が深く生活と関わり、楽しんでいるからこそ、他者を喜ばせるアイデア発想に繋がるのです。**

デザインがわかる人になるためのコツ

**24**

**生活の場は、人間らしい感性を楽しみながら学ぶことができる、最高のフィールド。**

**他者を喜ばせるアイデアは**
**自分らしく生活を楽しむことから生まれる**

25

# デザインで幸せになる

## 自分をデザインで満たすことでデザイン力は磨かれる

さて、ここまで読んでいただいたみなさんには、もうおわかりかと思いますが、デザイン力を磨いていくためには、まずは自分がデザインを楽しむことが大切です。


「仕事でデザインを上手く活用できないか」

「これからの時代に重要だと言われる、デザインを知って成果を出したい」

そういった興味や動機で、この本を手にとっていただいた方も多いかもしれません。

もちろんデザインは、みなさんの仕事を一段も二段もレベルアップさせてくれる存在です。

けれど、デザインは、単なるスキルとして覚えて使えばそれでよい、というようなものではありません。

デザインは人間の五感や感性と繋がる、とても温かく、柔らかいものです。人間の感情、人間の感覚といった繊細なものと繋がっているのです。だからこそ、デザインには力があり、魅力があるのです。

デザインを扱うということは、そういった深く繊細なものたちを理解し、考えるということでもあります。

ですから、デザインを理解し、使えるようになるためには、まずは自分自身が、そういった感覚を体験し、実感する必要があります。

そのためには、まずは自らが、日々デザインから喜びを得られるようになることが、最初にすべきことなのです。

そうすることではじめて、

「デザインは、人にこんな喜びを与えるものなんだな」

「こんな風に、人はデザインに魅力を感じるんだな」

ということが自分の中に染み渡り、デザインがわかるようになってきます。

わかるようになるから、使える人になれるのです。

ですから、みなさんにはおすすめしたいのは、何よりもまず、デザインを楽しむことです。

自分が好きなデザインを見つけたり、好きなデザインを体験したりして欲しいと思っています。

「このデザインのかたち、すごく美しいな」

「このサービスは、本当に心が満たされる体験だ」

「いつもこの色を選んでいるかも、自分はこの色が好きなんだな」

「このデザインを使い始めてから、なんだか毎日が楽しい」

そんな気づきや体験を、ぜひ得てみてください。


まずは、自分がデザインで幸せになること。

そうすれば、誰かをデザインで幸せにしてあげることができる人になれるはずです。

デザインがわかる人になるためのコツ

**25**

**自らがデザインで幸せになることで、誰かをデザインで幸せにできる。**

# おわりに——世の中に良いデザインが広がりますように

「なぜ、アートやデザインは広まらないんだろう？」

「なぜ、アートやデザインは、知りたいと思っている人の手に届かないんだろう？」

「私が、その橋渡し役になろう」


法学部志望をやめ、美大に進もうと決めた18歳の時に思ったことです。

それが本書で、やっとかたちになったような気がします。

学び、研究し、教え、20年かかってようやくここまで到達しました。

アート・デザインを専門的に仕事にしている人の多くは、いわばアート・デザインのネイティブです。

幼少期から、普通にアート・デザインが身の回りにあり、親しむことで、その世界観を自然と身につけています。

一方で、アート・デザインがわからない、と思っている人にとって、それらは外国語であり、異国の出来事のようなもの。

何がわからないのかも、わからないという状況です。

私は、一般的に美大に行くネイティブな人たちとは、異なるバックグラウンドを持った状態で美大に行き学びました。

だからこそ、両者の間にある、この大きな隔たりに気づいたのです。

アート・デザインのネイティブたちの多くは、それ以外の人が「何がわからないのか?」「なぜわからないのか?」がよくわかりません。

それは、母国語や母国の文化を体系立てて教えてと言われても、自然と身についたものだから上手く説明できない、というのと似ています。

もちろん美大には、アート・デザインの知識を教える授業があります。

しかし、それはあくまでも、受験で選抜したアート・デザインにもともと強みのある人たちに対しての教え方です。

そのままのかたちで、クリエイティブが苦手な社会人に教えても効果は出づらい。

実際、私も美大で学んでいた時、

「なぜ一番知りたい肝心なことは、誰も教えてくれないんだろう?」

教えて欲しいことはこれじゃないのに、と物足りなさを感じたものです。

また、アート・デザインの世界には独特の知の体系があり、使われる言葉や概念も特殊な傾向があります。

それらの言葉や概念を、そのままのかたちで社会に伝えても、真意が伝わらないことも多いのです。

私は、こういったことが、アート・デザインが世の中に広まらない原因の一つになっていると考え、「新しい伝え方」「新しい言葉での説明」を独自に探究してきました。

2016年には、武蔵野美術大学と共同で、WEデザインスクールを開校。ビジネスパーソンに向けて、デザイン経営を教える日本初の学校として、前例のない平野を、仲間と共に試行錯誤で進みました。

その後も、大学や大学院、企業や行政など、さまざまな場所で、デザインが苦手な社会人と出会い、「どんな言葉ならより伝わるだろう」「何を説明したらもっとわかってもらえるだろう」と、チャレンジを繰り返す日々でした。

本書は、そんな歩みの中で生み出されたものです。

本書によって、少しでも多くの方が、デザインを理解するきっかけを掴み、ビジネスや生活にデザインを活かすことができるよう願っています。
そして、世の中にいいデザインが増え、多くの人の幸福に寄与できますように。

稲葉 裕美

本書をお読みくださった皆様へ

# 特典コンテンツのご案内

本書をお読みくださった皆様へ
稲葉裕美より、感謝の気持ちをこめて
限定の特典をご用意いたしました。
ぜひ、ご活用ください。

**①『美大式 ビジネスパーソンのデザイン入門』著者による特別動画**

**② 日常で感性を磨くためのTips**

詳細は下記よりアクセスしてください。

https://wedesignschool.com/bidaishikitips

＊特典の配布は予告なく終了することがあります。予めご了承ください。
＊この特典コンテンツ企画は、稲葉裕美ならびにWEデザインスクールが実施するものです。プレゼント企画に関するお問い合わせは https://wedesignschool.com/contact までお願いいたします。

## 本書内容に関するお問い合わせ

●正誤表　https://www.shoeisha.co.jp/book/errata/

ご質問される前に「正誤表」をご参照ください。

●書籍に関するお問い合わせ

https://www.shoeisha.co.jp/book/qa/

または、ＦＡＸまたは郵便にて、左記〝翔泳社　愛読者サービスセンター〟まで。電話でのご質問は、お受けしておりません。

●回答はご質問いただいた手段によってご返事申し上げます。

ご質問の内容によっては、回答に数日ないしはそれ以上の期間を要する場合があります。

●ご質問に際して、本書の対象を超えるもの、記述個所を特定されないもの、また読者固有の環境に起因するご質問等にはお答えできませんので、予めご了承ください。

●郵便物送付先およびＦＡＸ番号

送付先住所　〒１６０−０００６　東京都新宿区舟町５

ＦＡＸ番号　０３−５３６２−３８１８

宛先（株）翔泳社　愛読者サービスセンター

※本書に記載されたＵＲＬ等は予告なく変更される場合があります。



※造本には細心の注意を払っておりますが、万一、乱丁（ページの順序違い）や落丁（ページの抜け）がございましたら、お取り替えいたします。０３−５３６２−３７０５までご連絡ください。

※本書の出版にあたっては正確な記述につとめましたが、著者や出版社などのいずれも、本書の内容に対してなんらかの保証をするものではなく、内容やサンプルに基づくいかなる運用結果に関してもいっさいの責任を負いません。

※本書に記載されている会社名、製品名はそれぞれ各社の商標および登録商標です。

著者　稲葉 裕美

WEデザインスクール／WEアートスクール主宰。
株式会社OFFICE HALO代表取締役。

1984年愛媛県松山市生まれ。
武蔵野美術大学造形学部卒業。

経営者の家で育ち、元々法学部志望だったが、本当に好きなことをして生きたいという思いから進路を転換し、武蔵野美術大学造形学部に入学。創造性教育、アート教育、美術史、アート・デザインマネジメント、文化政策などを学ぶ。

2014年に「クリエイティブ教育をイノベーションする」というビジョンのもと、美大時代の仲間と共にOFFICE HALOを設立。2016年に武蔵野美術大学デザイン・ラウンジと共同で、日本初のデザイン経営の学校「WEデザインスクール」を開校。デザインのアカデミックな教育法に独自の解釈を加え、クリエイティブが苦手なビジネスパーソンのために「デザインの言語化」を中心とした新しい教育メソッドを生み出す。社会人の感性を刺激する、これまでにないわかりやすさが好評を得て、さまざまなメディアや教育機関から注目を集める。2024年より美大式のアート思考の学校「WEアートスクール」を開校。

これまで企業、行政、大学、大学院などで多数プログラムを開催し、1万人を超える受講者を輩出している。主な講師・活動実績として武蔵野美術大学、多摩美術大学、グロービス経営大学院、北海道大学、神戸大学、国立情報学研究所、千葉県いすみ市など。

WEデザインスクール 公式サイト　https://wedesignschool.com
WEアートスクール 公式サイト　https://weartschool24.com

表紙イラスト　岡村優太
本文イラスト　五味健悟

美大式　ビジネスパーソンのデザイン入門
２０２４年５月17日　初版第１刷発行
２０２４年７月10日　初版第２刷発行

著者　稲葉（いなば）　裕美（ゆみ）
発行人　佐々木　幹夫
発行所　株式会社　翔泳社　(https://www.shoeisha.co.jp)
印刷・製本　株式会社シナノ


ISBN978-4-7981-8318-3
Printed in Japan